JN433715

메시지 | 여호수아
사사기
룻기

THE MESSAGE:

Joshua

Judges

Ruth

Eugene H. Peterson

The MESSAGE

여호수아
사사기
룻기

유진 피터슨

복 있는 사람

메시지 | 여호수아, 사사기, 룻기

2020년 5월 28일 초판 1쇄 발행
2025년 3월 24일 초판 6쇄 발행

지은이 유진 피터슨
옮긴이 김순현 윤종석 이종태
감수자 김회권
펴낸이 박종현

(주) 복 있는 사람
주소 서울특별시 마포구 연남동 246-21(성미산로23길 26-6)
전화 02-723-7183(편집), 7734(영업·마케팅) 팩스 02-723-7184
이메일 hismessage@naver.com
등록 1998년 1월 19일 제1-2280호

ISBN 978-89-6360-348-3 03230

이 도서의 국립중앙도서관 출판예정도서목록(CIP)은 서지정보유통지원시스템 홈페이지
(http://seoji.nl.go.kr)와 국가자료공동목록시스템(http://www.nl.go.kr/kolisnet)에서
이용하실 수 있습니다. (CIP 제어번호: 2020018656)

THE MESSAGE: Joshua, Judges, Ruth
by Eugene H. Peterson

Originally published in English in the USA under the title
THE MESSAGE by Eugene H. Peterson
Copyright © 2002 by Eugene H. Peterson, All rights reserved.
THE MESSAGE Numbered Edition copyright © 2005
Korean edition © 2020 by The Blessed People Publishing Inc., Seoul, Republic of Korea,
All rights reserved.
Licensed with permission of NavPress. Represented by Tyndale House Publishers, Inc.,
Carol Stream, Illinois 60188, USA.
License arranged through rMaeng2, Seoul, Republic of Korea.

THE MESSAGE and *THE MESSAGE* logo are trademarks of NavPress. Used by permission.
All rights reserved.

이 한국어판의 저작권은 알맹2와 Tyndale House Publishers, Inc.을 통하여 NavPress와 독점 계약한 (주) 복 있는 사람에 있습니다. 신저작권법에 의하여 한국 내에서 보호받는 저작물이므로 무단 전재와 무단 복제를 금합니다. *THE MESSAGE*와 *THE MESSAGE* 로고는 NavPress의 고유 상표이므로 사용 시 허가가 필요합니다.

『메시지』는 유진 피터슨 The MESSAGE 공식 한국어판입니다.
『메시지』 한국어판은 서평이나 비상업적인 목적인 경우 50절까지 인용할 수 있으나, 그 이상 인용하거나 상업적인 목적인 경우 반드시 저작권자인 복 있는 사람 출판사의 서면 허가를 받아야 합니다.

차례

일러두기

- 유진 피터슨의 『메시지』 영어 원문을 번역하면서, 한국 교회의 실정과 환경을 고려하여 『메시지』 한글 번역본의 극히 일부분을 의역하거나 문장과 용어를 바꾸었다.
- 유진 피터슨은 『메시지』 영어 원문에서, 유일무이한 하나님의 인격적 이름을 주(LORD) 대신에 대문자 GOD로 번역했다. 따라서 『메시지』 한국어판은 많은 논의와 신학 감수를 거쳐, 원저자의 의도를 반영해 '주'(LORD) 대신에 강조체 **'하나님'**(GOD)으로 표기했다.
- 『메시지』 한국어판의 도량형(길이, 무게, 부피)은 『메시지』 영어 원문을 기초로 하여, 오늘날 우리나라에서 일반적으로 통용되는 단위로 환산해 표기했다.
- 지명, 인명은 대한성서공회에서 발행한 「개역개정」「새번역」 성경의 원칙을 따랐다.

『메시지』를 읽는 독자에게

『메시지』에 독특한 점이 있다면, 현직 목사가 그 본문을 다듬었기 때문일 것이다. 나는 성경의 메시지를 내가 섬기는 사람들의 삶 속에 들여놓는 것을 내게 주어진 일차적 책임으로 받아들이고 성인 인생의 대부분을 살아왔다. 강단과 교단, 가정 성경공부와 산상수련회에서 그 일을 했고, 병원과 양로원에서 대화하면서, 주방에서 커피를 마시고 바닷가를 거닐면서 그 일을 했다. 『메시지』는 40년간의 목회 사역이라는 토양에서 자라난 열매다.

인간의 삶을 만들고 변화시키는 하나님의 말씀은, 내가 『메시지』 작업을 하는 동안 정말로 사람들의 삶을 만들고 변화시켰다. 우리 교회와 공동체라는 토양에 심겨진 말씀의 씨앗은, 싹을 틔우고 자라서 열매를 맺었다. 현재의 『메시지』를 작업할 무렵에는, 내가 수확기의 과수원을 누비며 무성한 가지에서 잘 영근 사과며 복숭아며 자두를 따고 있다는 기분이 들곤 했다. 놀랍게도 성경에는, 내가 목회하는 성도며 죄인인 사람들이 살아 낼 수 없는 말씀, 이 나라와 문화 속에서 진리로 확증되지 않는 말씀이 단 한 페이지도 없었다.

내가 처음부터 목사였던 것은 아니다. 원래 나는 교사의 길에 들어서서, 몇 년간 신학교에서 성경 원어인 히브리어와 그리스어를 가르쳤다. 남은 평생을 교수와 학자로 가르치고 집필하고 연구하며 살겠거니 생각했었다. 그러다 갑자기 직업을 바꾸어 교회 목회를 맡게 되었다.

뛰어들고 보니, 교회는 전혀 다른 세계였다. 제일 먼저 눈에 띈 차이는, 아무도 성경에 별로 관심이 없어 보인다는 점이었다. 얼마 전까지만 해도, 사람들은 내게 돈을 내면서까지 성경을 가르쳐 달라고 했는데 말이다. 내가 새로 섬기게 된 사람들 중 다수는, 사실 성경에 대해 아무것도 몰랐다. 성경을 읽은 적도 없었고, 배우려는 마음조차 없었다. 성경을 몇 년씩 읽어 온 사람들도 많았지만, 그들에게 성경은 너무 익숙해서 무미건조하고 진부한 말로 전락해 있었다. 그들은 지루함을 느낀 나머지 성경을 제쳐 둔 상태였다. 그 양쪽 사이에 있는 사람은 많지 않았다. 내가 가장 중요하게 여긴 일은, 성경 말씀을 그 사람들의 머리와 가슴 속에 들여놓아서, 성경의 메시지가 그들의 삶이 되게 하는 것이었다. 그러나 거기에 관심을 갖는 사람은 거의 없었다. 신문과 잡지, 영화와 소설이 그들 입맛에 더 맞았다.

결국 나는, 바로 그 사람들에게 성경의 메시지를 듣게—정말로 듣게—해주는 일을 내 평생의 본분으로 삼게 되었다. 그것이야말로 확실히 나를 위해 예비된 일이었다.

나는 성경의 세계와 오늘의 세계라는 두 언어 세계에 살고 있었다. 나는 언제나 그 두 세계가 같은 세계인 줄 알았다. 그러나 사람들은 그렇게 보지 않았다. 나는 어쩔 수 없이 "번역가"(당시에는 그런 표현을 쓰지 않았지만)가 되었다. 날마다 그 두 세계의 접경에 서서, 하나님이 우리를 창조하시고 구원하시고 치유하시고 복 주시고 심판하시고 다스리실 때 쓰시는 성경의 언어를, 우리가 잡담하고 이야기하고 길을 알려 주고 사업하고 노래 부르고 자녀에게 말할 때 쓰는 오늘의 언어로 옮긴 것이다.

그렇게 하는 동안, 성경의 원어—강력하고 생생한 히브리어와 그리스어—는 끊임없이 내 설교의 물밑에서 작용했다. 성경의 원어는 단어와 문장을 힘 있고 예리하게 해주고, 내가 섬기는 사람들의 상상력을 넓혀 주었다. 그래서 오늘의 언어 속에서 성경의 언어를 듣고, 성경의 언어 속에서 오늘의 언어를 들을 수 있게 해주었다.

나는 30년간 한 교회에서 그 일을 했다. 그러던 어느 날(1990년 4월 30일이었다), 한 편집자가 내게 편지를 보내 왔다. 그동안 내가 목사로서 해온 일의 연장선에서 새로운 성경 번역본을 집필해 달라는 청탁의 편지였다. 나는 수락했다. 그 후 10년은 수확기였다. 그 열매가 바로 『메시지』다.

『메시지』는 읽는 성경이다. 기존의 탁월한 주석성경을 대체하기 위한 것이 아니다. 내 취지는 간단하다. (일찍이 우리 교회와 공동체에서도 그랬듯이) 성경이 충분히 읽을 수 있는 책이라는 사실을 모르는 사람들에게 성경을 읽게 해주고, 성경에 관심을 잃은 지 오래된 사람들에게 성경을 다시 읽게 해주는 것이다. 그렇다고 굳이 내용을 쉽게 하지는 않았다. 성경에는 이해하기 어려운 부분도 많이 있다. 그래서 『메시지』를 읽다 보면, 더 깊은 연구에 도움이 될 주석성경을 구하는 일이 조만간 중요하게 여겨질 것이다. 그때까지는, 일상을 살기 위해 읽으라. 읽으면서 이렇게 기도하라. "하나님, 말씀하신 대로 내게 이루어지기를 원합니다."

유진 피터슨

여호수아 | 머리말

땅. 젖과 꿀이 흐르는 땅. 약속의 땅. 거룩한 땅. 가나안 땅. 그 땅! 모세의 뒤를 이어 이스라엘의 지도자가 된 여호수아가 요단 강가에 서 있다. 그 강 건너편 가나안 땅에 들어가 그곳을 차지하려는 것이다. 그곳은 유구한 역사의 거대한 문명들 사이에 낀 보잘것없는 지역이었다. 그곳에서 무언가 중요한 일이 일어나리라 생각했던 사람은 당대에 아무도 없었다. 그 협소한 지역은 이집트와 메소포타미아라는 두 위대한 문화권과 경제권 사이에 놓인 다리라는 점을 제외하면 하등의 중요성도 없었다. 그러나 이제 그곳은 인류의 종교사에서 중요한 곳이 될 것이었다. 아니, 그곳은 실로 앞선 모든 것과 주변 모든 것을 압도하는 곳이 될 것이었다.

이스라엘 백성은 거의 오백 년 동안을 땅 없이 살았다. 그들의 '조상'인 아브라함, 이삭, 야곱 그리고 그의 열두 아들은 모두 가나안 땅을 떠도는 유목민이었다. 그들 이후, 이스라엘 백성은 장구한 세월 동안(사백 년 넘도록!) 이집트에서 종으로 살았고, 그러다 모세의 인도로 기적적인 해방을 맞아 자유민이 되었으며, 하나님의 인도와 축복 아래 사십 년

간 자유민 수업과 훈련을 받았다.

여호수아서를 열 때 우리가 만나는 그들, 그날 요단에 진친 그 무리는, 천 년의 절반에 가까운 시간을 종으로 살아온 사람들이었다. 불과 얼마 전에야 자유의 몸이 된 초라한 행색의 유랑민이었다. 땅 한 평 가질 수 없는 종이 땅을 소유한 자유민이 되는 일은 실로 엄청난 변화였다. 그런 변화를 이끌며 여호수아는 그 땅을 정복했고(1-12장), 그 땅을 열두 지파에게 분배했으며(13-22장), 그 백성을 그 땅과, 그 땅을 선물로 주신 하나님과 묶어 주는 엄숙한 언약-증거 의식으로 대장정을 마무리했다(23-24장). 그들은 오직 하나님만 예배하는 백성이 되겠다고 서약했다.

여호수아서를 신성한 이야기로 받아들이는 데 있어 현대 독자 대부분에게 가장 큰 걸림돌은 이른바 '거룩한 전쟁'(holy war)이라 불리는 군사행동이다. 내가 '거룩한 저주'(holy curse)라고 번역한 그것은 정복한 성읍의 주민을 모조리 죽이고, 짐승이든 물건이든 그 안의 모든 것을 완전히 파괴해 버리는 행위를 말한다. 대학살, 대대적인 파괴행위다. 이 책에서는 "하나도 살려 두어서는 안된다"는 말이 후렴구처럼 반복해서 등장한다. 흔히 우리는 지금 우리 시대의 시각에 입각해 "어찌 이렇게 잔혹할 수가!"라고 말한다. 그러나 우리가 주전 13세기로 돌아가 본다면 아마 다른 시각을 갖게 될 것이다. 당시 가나안 문화는 아이 희생제(child sacrifice)나 사원 매춘(sacred prostitution)으로 얼룩져 있었다. 신(들)을 움직여 득을 볼 요량으로 사회에서 가장 죄 없고 힘없는 이들(어린아이와 처녀들)을 잔인무도하게 희생시키는 야만적 관행들이 횡행하는 사악한 뱀 우리 같은 곳이 바로 가나안이었다.

모세의 리더십과 가르침을 이어받아 여호수아서가 펼쳐 보이는 이 구원 이야기 역시 특정 장소들에 뿌리박고 특정 사람들과 결합되어 있다. 그래서 수백 개도 넘는 구체적 지명, 명칭, 이름들이 등장한다. 이 이야기에서는 우리가 흔히 종교의 중심 주제라고 여기는 것들—관념, 진리, 기도, 약속, 신조—이 특정 인물이나 실제 장소와 분리되어 별개로 제시되는 법이 결코 없다. 성경이 제시하는 종교에는 구체적 인물이나 장소와 동떨어진 '위대한 사상'이니 '숭고한 진리'니 '영감을 주는 생각'이니 하는 것들이 설 자리가 없다. 우리를 향한 하나님의 크신 사랑과 목적은 언제나 혼란, 위기와 죄, 파탄, 일상적 노동, 평범한 꿈 같은 것들을 통해 이루어진다. 하나님은 언제나 우리의 이상적인 모습이 아니라 있는 모습 그대로를 사용해 일하신다. 그분은 여호수아에게(그리고 우리에게!) 다음과 같이 말씀하신다. "힘을 내어라! 용기를 내어라! 겁내지 마라. 낙심하지 마라. **하나님** 네 하나님이 네가 내딛는 모든 걸음마다 함께할 것이다"(수 1:9).

하나님을 현실 곧 어려운 세상살이에서 벗어날 도피처로 삼기 좋아하는 이들은 이런 방식이 그다지 마음에 들지 않을 것이다. 그러나 현실도피가 아니라 현실을 추구하는 이들에게 이런 식으로 전개되는 하나님의 구원 이야기, 곧 불 같은 의지와 믿음으로 여호수아가 자기 백성을 위해 땅을 정복해 나가는 이야기, 비상하리만치 신중하게 모든 지파와 집안들의 이름을 하나하나 불러 가며 그들에게 제 몫을 할당해 주는 이야기는, 실로 좋은 소식이다. 여호수아서는 현실에 뿌리박은 삶을 위한 확고한 토대가 되어 주는 책이다.

여호수아

1 1-9 **하나님**의 종 모세가 죽은 뒤에 **하나님**께서 모세를
보좌하던 여호수아에게 말씀하셨다.
"내 종 모세가 죽었으니, 가거라. 너는 모든 백성과 함께 이
요단 강을 건너, 내가 이스라엘 백성에게 주려는 땅으로 가
거라. 모세에게 약속한 대로, 내가 너희 발로 밟는 땅을 한
구석도 빠짐없이 너희에게 모두 주겠다. 광야와 이 레바논
에서부터 동쪽으로 큰 강 유프라테스에 이르는 헷 사람의
온 땅과, 서쪽으로 큰 바다까지 모두 너희 것이다. 네 평생
에 너를 당해 낼 자가 아무도 없을 것이다. 내가 모세와 함
께했던 것같이 너와 함께할 것이다. 나는 너를 포기하지 않
으며 너를 떠나지 않겠다. 힘을 내어라! 용기를 내어라! 너
는 이 백성을 인도하여 내가 그들의 조상에게 주기로 약속

한 땅을 유산으로 받게 할 것이다. 네 마음과 뜻을 다하여라. 모세가 너에게 명령한 계시를 하나도 빠짐없이 그대로 행하여라. 왼쪽으로나 오른쪽으로나 길을 벗어나지 마라. 그러면 틀림없이 네가 가려는 곳에 이르게 될 것이다. 또 이 계시의 책이 잠시도 네 마음에서 떠나지 않게 하여라. 밤낮으로 그것을 묵상하고 마음에 새겨, 거기 기록된 대로 반드시 모두 행하여라. 그러면 네가 이르려는 곳에 이르게 될 것이고, 네가 뜻한 바를 이루게 될 것이다. 내가 네게 명령하지 않았느냐? 힘을 내어라! 용기를 내어라! 겁내지 마라. 낙심하지 마라. **하나님** 네 하나님이 네가 내딛는 모든 걸음마다 함께할 것이다."

땅을 차지할 것이다

10-11 그리하여 여호수아는 백성의 지도자들에게 명령했다.
"진을 두루 다니며 백성에게 이렇게 명령하십시오. '짐을 꾸리십시오. 사흘 후에 여러분은 이 요단 강을 건너서 **하나님** 여러분의 하나님께서 여러분 소유로 주시는 땅에 들어가, 그 땅을 차지하게 될 것입니다.'"
12-15 또 여호수아는 르우벤 지파와 갓 지파와 므낫세 반쪽
지파에게 이렇게 말했다. "**하나님**의 종 모세가 여러분에게 명령한 것을 잊지 마십시오. **하나님** 여러분의 하나님은 여러분에게 쉼을 주시고 이 땅을 주시는 분입니다. 여러분의 아내와 자녀와 가축들은 모세가 여러분에게 준 땅인 여기

요단 강 동쪽에 남아도 좋습니다. 하지만 강한 군사인 여러
분 모두는 형제들의 선두에 서서 전투대형으로 강을 건너,
하나님 여러분의 하나님께서 여러분에게 주신 것처럼 여러
분의 형제들에게도 쉴 곳을 주실 때까지 그들을 도와야 합
니다. 그들도 **하나님** 여러분의 하나님이 주시는 땅을 얻게
될 것입니다. 그 후에야 여러분은 하나님의 종 모세가 여러
분에게 준 요단 강 건너편 동쪽 여러분의 소유지로 자유롭
게 돌아오게 될 것입니다."
16-18 그들이 여호수아에게 대답했다. "명령하신 대로 우리가
다 행하겠습니다. 당신이 어디로 보내든지 우리는 가겠습니
다. 모세에게 충실하게 순종한 것처럼 당신에게도 순종하겠
습니다. 오직 **하나님** 당신의 하나님께서 모세와 함께 계셨
던 것처럼, 당신과 함께 계시기를 빕니다. 누구든지 당신의
말에 이의를 달거나 당신의 명령에 순종하지 않는 사람은
죽임을 당할 것입니다. 힘을 내십시오! 용기를 내십시오!"

라합

2 1 눈의 아들 여호수아가 싯딤에서 정탐꾼 두 사람을
몰래 보내며 말했다. "가서 그 땅을 둘러보고, 여리
고를 잘 살펴보시오." 그들이 길을 떠나 라합이라는 창녀의
집에 이르러 그곳에서 묵었다.
2 여리고 왕에게 보고가 들어갔다. "지금 막 들어온 소식입
니다. 이 땅을 정탐하려고 이 밤에 사람들이 들어왔습니다.

이스라엘 백성 가운데서 왔다고 합니다."
3 여리고 왕이 라합에게 전갈을 보냈다. "너희 집에 묵으려
고 온 사람들을 내놓아라. 그들은 정탐꾼들이다. 이 온 땅을
정탐하러 온 자들이다."
4-7 그러나 그 여인은 두 사람을 데려다가 숨겨 두고 이렇게
말했다. "맞습니다. 두 사람이 저에게 오기는 했지만, 저는
그들이 어디서 왔는지 몰랐습니다. 어두워져서 성문이 닫힐
무렵에 그 자들이 떠났는데, 어디로 갔는지는 모르겠습니
다. 서두르십시오! 쫓아가면 잡을 수 있을 것입니다!" (그러
나 그때는 라합이 두 사람을 지붕으로 데리고 올라가, 지붕 위에
널어놓은 아마 단 밑에 숨겨 둔 뒤였다.) 그들을 뒤쫓던 사람들
은 요단 길을 따라 여울목 쪽으로 향했다. 그들이 나가자마
자 성문이 닫혔다.
8-11 그 밤에 정탐꾼들이 잠자리에 들기 전, 라합이 지붕 위
에 있는 그들에게 올라가서 말했다. "나는 **하나님**께서 당신
들에게 이 땅을 주신 것을 압니다. 우리 모두가 두려워 떨고
있고, 이 땅의 모든 사람이 절망에 빠져 있습니다. 당신들이
이집트를 떠날 때 **하나님**께서 당신들 앞에서 어떻게 홍해
물을 마르게 하셨는지, 당신들이 거룩한 저주 아래 두어 멸
망시킨 요단 동쪽 아모리 사람의 두 왕 시혼과 옥에게 그분
께서 어떻게 행하셨는지 우리가 들었습니다. 그 말을 듣고
서 다들 가슴이 철렁 내려앉아 숨이 멎는 줄 알았습니다. 모
두가 당신들 때문입니다. 당신들과, 위로 하늘의 하나님이

시며 아래로 땅의 하나님이신 **하나님** 당신들의 하나님 때문
입니다.
12-13 이제 **하나님**의 이름으로 나에게 약속해 주십시오. 내가
당신들에게 자비를 베풀었으니, 당신들도 우리 집에 자비를
베풀어 주십시오. 내 부모와 형제를 비롯해서 우리 집과 관
계된 사람들을 모두 살려 주겠다는 보증으로, 눈에 보이는
증거물을 주십시오. 우리 목숨을 죽음에서 건져 주십시오!"
14 "우리가 목숨을 걸고 당신들을 지키겠소!" 그 사람들이
말했다. "다만, 이 일을 아무에게도 말하지 마시오. 그러면
하나님께서 이 땅을 우리에게 넘겨주실 때, 우리가 신의를
지키고 자비를 베풀어 당신들에게 도리를 다할 것이오."
15-16 라합의 집이 바깥쪽 성벽 위에 있었으므로, 라합은 그
들을 창문에서 줄로 달아 내렸다. 그리고 그들에게 말했다.
"뒤쫓는 사람들의 눈에 띄지 않도록 산으로 달아나세요. 사
흘 동안 숨어 있으면 뒤쫓던 사람들이 돌아갈 겁니다. 그때
길을 떠나십시오."
17-20 그 사람들이 대답했다. "우리가 당신과 맺은 맹세를 지
키게 하려면 이렇게 하시오. 우리를 달아 내렸던 창문 밖
으로 이 붉은 줄을 걸어 놓고 당신의 부모와 형제 온 가족
이 당신 집에 모여 있으시오. 누구든지 당신 집 문을 나서서
길로 나갔다가 목숨을 잃으면 그것은 그 사람 잘못이지 우
리 책임이 아닙니다. 그러나 집 안에 있는 사람들에 대해서
는 전적으로 우리가 책임지겠소. 누가 그들 중 하나에게라

도 손을 대면 그것은 우리 잘못입니다. 다만, 당신이 우리의
일을 아무에게라도 말하면 당신과 맺은 이 맹세는 무효입니
다. 우리는 더 이상 책임이 없습니다."
21 라합은 "그 말대로 하겠습니다" 하고는, 그들을 보냈다.
그들이 떠나자 라합은 창문 밖으로 붉은 줄을 내걸었다.
22 그들은 산으로 가서, 뒤쫓는 사람들이 돌아갈 때까지 사
흘 동안 거기 머물렀다. 뒤쫓는 사람들은 이곳저곳을 샅샅
이 뒤졌으나 아무것도 찾지 못했다.
23-24 그들이 돌아갔다. 두 사람은 산에서 내려와 강을 건너,
눈의 아들 여호수아에게 돌아가서 자신들이 겪은 일을 빠
짐없이 보고했다. "**하나님**께서 온 땅을 우리에게 주셨습니
다! 그곳 사람들 모두가 우리 때문에 겁에 질려 있습니다."

요단 강을 건너다

3 1-4 여호수아는 일찍 일어나, 온 이스라엘 백성과
함께 싯딤을 떠나 요단 강에 이르렀다. 그는 강을
건너기 전에 그곳에 진을 쳤다. 사흘 후에, 지도자들이 진
을 두루 다니며 백성에게 명령을 내렸다. "레위 제사장들
이 **하나님** 여러분의 하나님의 언약궤를 메는 것을 보거든,
여러분이 머물던 자리를 떠나 그 궤를 따라나서십시오. 여
러분과 언약궤 사이는 900미터 정도 간격을 두어야 합니
다. 반드시 그 거리를 유지해야 합니다! 그러면 갈 길이 분
명히 보일 것입니다. 이 길은 여러분이 한 번도 가 본 적이

없는 길입니다."
5 여호수아가 백성에게 말했다. "여러분 자신을 정결하게
하십시오. 내일 하나님께서 여러분 가운데서 놀라운 기적을
행하실 것입니다."
6 여호수아가 제사장들에게 지시했다. "언약궤를 메고 백성
보다 앞서 가십시오." 그래서 제사장들은 언약궤를 메고 백
성보다 앞서 나아갔다.
7-8 **하나님**께서 여호수아에게 말씀하셨다. "바로 오늘부터
내가 온 이스라엘이 보는 앞에서 너를 높일 것이다. 내가 모
세와 함께 있었던 것처럼 너와 함께 있나는 것을 그들이 직
접 보게 될 것이다. 너는 언약궤를 멘 제사장들에게, 요단
강 물가에 이르거든 거기 강둑에 서 있으라고 명령하여라."
9-13 여호수아는 이스라엘 백성에게 말했다. "주목하십시오!
하나님 여러분의 하나님께서 하시는 말씀을 들으십시오. 하
나님께서 여러분 가운데 살아 계심을 여러분이 이제 알게
될 것입니다. 그분께서 가나안 사람, 헷 사람, 히위 사람, 브
리스 사람, 기르가스 사람, 아모리 사람, 여부스 사람을 여
러분 앞에서 완전히 쫓아내실 것입니다. 여러분 앞에 있는
것을 보십시오. 언약궤입니다. 생각해 보십시오. 온 땅의 주
께서 여러분이 보는 앞에서 요단 강을 건너실 것입니다. 이
제 이스라엘 지파 중에서 지파별로 한 명씩 열두 사람을 뽑
으십시오. 온 땅의 주이신 **하나님**의 언약궤를 멘 제사장들
의 발이 요단 강 물에 닿는 순간, 흘러내리던 물이 멈출 것

입니다. 위에서부터 흘러내리던 물이 가득 고일 것입니다."
14-16 정말 그대로 되었다. 언약궤를 멘 제사장들이 앞장선
가운데 백성은 요단 강을 건너기 위해 장막을 떠났다. 제사
장들이 요단 강에 이르러 그 발이 물가에 닿자(요단 강은 추
수철이면 내내 강둑에 물이 넘쳤다) 흘러내리던 물이 멈췄다.
멀리 사르단 근처의 아담에 물이 가득 고인 것이다. 저만치
아라바 바다(소금 바다)까지 강이 말랐다. 그래서 백성은 여
리고 쪽으로 건너갔다.
17 온 이스라엘이 마른 땅을 밟고 요단 강을 건너는 동안, 언
약궤를 멘 제사장들은 강 한가운데 마른 땅을 굳게 딛고 서
있었다. 마침내 온 이스라엘 민족이 발 하나 젖지 않은 채
요단 강을 건넜다.

4

1-3 마침내 온 백성이 강을 건너자, **하나님**께서 여호
수아에게 말씀하셨다. "백성 중에서 지파별로 한 명
씩 열두 사람을 뽑아, 그들에게 '바로 여기, 제사장들의 발
이 굳게 섰던 요단 강 한가운데서 돌 열두 개를 취하십시오.
그 돌들을 가져다가 오늘 밤 여러분이 진을 칠 곳에 두십시
오' 하고 말하여라."
4-7 여호수아는 자신이 이스라엘 백성 중에서 지파별로 한
명씩 뽑은 열두 사람을 불러 지시했다. "요단 강 한가운데로
가서 **하나님** 여러분의 하나님의 언약궤 앞에 서십시오. 각

자 돌 하나씩을 들어 어깨에 메십시오. 이스라엘 백성 각 지파마다 돌 하나씩입니다. 그 돌들은 훗날 이 일에 대한 기념물이 될 것입니다. 여러분의 자손이 '이 돌들은 무엇입니까?' 하고 묻거든, 여러분은 '**하나님**의 언약궤가 요단 강을 건널 때 강물이 그 궤 앞에서 멈췄다. 궤가 다 건널 때까지 줄곧 멈춰 있었다. 이 돌들은 이스라엘 백성을 위한 영원한 기념물이다'라고 말해 주십시오."

8-9 이스라엘 백성은 여호수아가 명령한 대로 행했다. 요단 강 한가운데서 돌 열두 개를—**하나님**께서 여호수아에게 지시하신 대로 열두 지파가 돌 하나씩을—취하여 그것을 메고 진으로 돌아와 진 안에 두었다. 여호수아는 언약궤를 멘 제사장들이 서 있던 요단 강 한가운데서 가져온 열두 돌을 세웠다. 그 돌들은 오늘까지 그곳에 있다.

10-11 언약궤를 멘 제사장들은 하나님께서 여호수아에게 지시하여 백성에게 행하게 한 일이 다 이루어질 때까지(이로써 일찍이 모세가 여호수아에게 지시한 일이 이루어졌다) 계속해서 요단 강 한가운데 서 있었다. 백성은 한 사람도 망설이지 않고 모두가 강을 건넜다. 강을 다 건너고 나서 온 백성은 언약궤와 제사장들이 건너오는 모습을 지켜보았다.

12-13 르우벤 지파와 갓 지파와 므낫세 반쪽 지파는 모세가 지시한 대로, 이스라엘 백성 앞에서 전투대형으로 건너갔다. 모두 약 사만 명의 무장한 군사들이 전투태세를 갖추고 **하나님** 앞에서 여리고 평지로 건너갔다.

14 **하나님**께서는 그날 온 이스라엘 백성이 보는 앞에서 여호
수아를 높여 주셨다. 그리하여 이스라엘은 모세가 살아 있는
동안 모세를 두려워했듯이 여호수아를 두려워하게 되었다.

15-16 **하나님**께서 여호수아에게 말씀하셨다. "증거궤를 멘
제사장들에게 명령하여 요단 강에서 올라오게 하여라."
17 여호수아는 제사장들에게 "요단 강에서 올라오십시오"
하고 명령했다.
18 제사장들이 그대로 행했다. 그들은 **하나님**의 언약궤를 메
고 요단 강 한가운데서 올라왔다. 제사장들의 발이 마른 땅
에 닿자마자, 요단 강 물이 전처럼 둑 안으로 다시 흐르기
시작했다.
19-22 백성은 첫째 달 십일에 요단 강에서 올라와, 여리고 동
쪽 길갈(동그라미)에 진을 쳤다. 여호수아는 요단 강에서 가
져온 돌 열두 개를 길갈에 기념물로 세웠다. 그러고 나서 이
스라엘 백성에게 말했다. "훗날 여러분의 자손이 그 아버지
에게 '이 돌들은 대체 무엇입니까?' 하고 묻거든, 여러분은
'이스라엘이 마른 땅을 밟고 이 요단 강을 건넜다' 하고 말해
주십시오.
23-24 그렇습니다. **하나님** 여러분의 하나님께서 여러분이 강
을 다 건널 때까지 요단 강 물을 마르게 하셨습니다. 전에
하나님 여러분의 하나님께서 우리가 홍해를 다 건널 때까지

우리 앞에서 홍해를 마르게 하셨던 것처럼 말입니다. 그렇게 하신 것은 땅의 모든 사람이 **하나님**의 구원하시는 손이 얼마나 강한지 알도록 하고, 여러분이 항상 **하나님**을 경외하도록 하려는 것입니다."

5
1 이스라엘 백성이 강을 다 건널 때까지 **하나님**께서
그들 앞에서 요단 강을 멈추게 하셨다는 소식을 듣
고, 요단 강 서쪽의 모든 아모리 사람의 왕들과 바닷가 가나
안 사람의 왕들의 마음이 무너져 내렸다. 이스라엘 백성을
생각만 해도 그들은 간담이 서늘해졌다.
2-3 그때 **하나님**께서 여호수아에게 말씀하셨다. "돌칼을 만
들어 이스라엘 백성에게 다시 할례를 행하여라." 여호수아
는 돌칼을 만들어 할례 산에서 이스라엘 백성에게 할례를
행했다.
4-7 여호수아가 할례를 행한 까닭은 이러하다. 이집트를 떠
난 백성 가운데 남자, 곧 모든 군사는 이집트를 나오는 여
정 중에 광야에서 죽었다. 이집트에서 나온 사람들은 물론
다 할례를 받았으나, 이집트를 떠난 뒤로 광야 길에서 태어
난 사람들은 할례를 받지 못했다. 사실 이스라엘 백성은 민
족 전체가 죽기까지, 곧 이집트에서 나올 때에 군대 징집 연
령에 해당하던 남자들이 **하나님**의 부르심에 불순종하여 모
두 죽기까지 사십 년 동안 광야를 헤맸다. **하나님**께서는 친

히 우리에게 주시겠다고 우리 조상에게 엄숙히 약속하신 그
땅, 곧 젖과 꿀이 흐르는 땅을 그들이 절대로 보지 못할 것
이라고 맹세하셨다. 결국 그 자손들이 그들을 대신했는데,
여호수아가 할례를 행한 사람들이 바로 그들이었다. 그들이
지금까지 할례를 받지 못한 것은, 광야 길에서 아무도 할례
를 행하지 않았기 때문이다.
8 온 백성의 할례가 끝나자, 그들은 다 나을 때까지 진을 친
곳에 그대로 머물렀다.
9 **하나님**께서 여호수아에게 말씀하셨다. "내가 오늘 너희가
이집트에서 겪은 치욕을 없애 버렸다." 그래서 그곳은 오늘
까지 길갈이라고 불린다.

10 이스라엘 백성은 계속해서 길갈에 진을 쳤다. 그들은 그
달 십사일 저녁에 여리고 평지에서 유월절을 지켰다.
11-12 유월절 바로 다음 날부터 그들은 그 땅의 열매, 곧 누룩
을 넣지 않은 빵과 볶은 곡식을 먹기 시작했다. 그러자 만나
가 더 이상 내리지 않았다. 만나가 완전히 그친 것이다. 이
스라엘 백성이 그 땅에서 난 음식을 먹기 시작하자, 그들에
게 더 이상 만나가 주어지지 않았다. 그해에 그들은 가나안
땅에서 난 곡식을 먹었다.

13 그리고 이 일이 있었다. 여호수아가 여리고 근처에 이르
렀을 때다. 그가 눈을 들어 보니, 바로 앞에 어떤 사람이 칼
을 뽑아 들고 서 있었다. 여호수아가 그에게 다가가서 물었
다. "너는 어느 편이냐? 우리 편이냐, 우리 원수의 편이냐?"
14 그가 말했다. "어느 편도 아니다. 나는 **하나님**의 군대 사
령관으로, 이제 막 도착했다." 여호수아가 땅에 엎드려 경
배한 다음, 그에게 물었다. "내 주께서 이 종에게 내리실 명
령이 무엇입니까?"
15 **하나님**의 군대 사령관이 여호수아에게 명령했다. "네 발
에서 신을 벗어라. 네가 서 있는 곳은 거룩한 곳이다."
여호수아가 그대로 행했다.

여리고 성 점령

6 1 여리고는 이스라엘 백성 때문에 철통같이 닫혀 있
었다. 들어가는 사람도 나오는 사람도 없었다.
2-5 **하나님**께서 여호수아에게 말씀하셨다. "잘 들어라. 내가
여리고를 그 왕과 정예부대와 함께 이미 너에게 넘겨주었
으니, 너는 이렇게 하여라. 너희 모든 군사들은 그 성 둘레
를 따라 행진하여라. 성을 한 바퀴씩 돌되, 육 일 동안 반복
해서 돌아라. 제사장 일곱 명이 언약궤 앞에서 숫양 뿔나팔
일곱 개를 들고 가게 하여라. 칠 일째 되는 날에는 제사장들
이 나팔을 부는 동안 성을 일곱 바퀴 돌아라. 후에 숫양 뿔
을 길게 부는 소리가 들리거든 온 백성이 힘껏 소리를 질러

야 한다. 그러면 성벽이 곧바로 무너질 것이다. 그때 백성이
일제히 진격하여 들어가라."
6 눈의 아들 여호수아가 제사장들을 불러 말했다. "언약궤
를 메십시오. 그리고 일곱 제사장은 숫양 뿔나팔 일곱 개를
들고 하나님의 궤 앞에 서십시오."
7 그가 또 백성에게 말했다. "출발하십시오! 성 둘레를 따라
행진하십시오. 무장한 호위대는 **하나님**의 궤 앞에서 행진하
십시오."
8-9 그러자 백성이 그대로 행했다. 여호수아가 명령하자, 백
성이 움직였다. 일곱 제사장은 숫양 뿔나팔 일곱 개를 들고
하나님 앞에서 출발했다. 그들은 **하나님**의 언약궤 앞에 서
서 나팔을 불었다. 무장한 호위대가 나팔을 부는 제사장들
앞에서 행진했고, 후방 호위대는 나팔을 불며 행진하는 제
사장들 뒤에서 행진했다.
10 여호수아가 백성에게 명령했다. "소리치지 말고, 말도 하
지 마십시오. 내가 '외치라!'고 할 때까지는 속닥거리지도
마십시오. 외치라는 명령이 들릴 때에 힘껏 외치십시오!"
11-13 여호수아는 **하나님**의 궤를 보내어 성 둘레를 돌게 했
다. 궤는 성을 한 바퀴 돌고서 진으로 돌아와 진 안에서 밤
을 보냈다. 여호수아는 이튿날 아침 일찍 일어났고 제사장
들은 **하나님**의 궤를 멨다. 제사장 일곱 명이 숫양 뿔나팔 일
곱 개를 들고 **하나님**의 궤 앞에서 행진했다. 그들이 나팔을
불며 행진하는 동안, 무장한 호위대가 앞에서 행진했고 후

방 호위대는 뒤에서 행진했다. 이렇게 그들은 나팔을 불며
행진했다!
14 둘째 날에 그들은 다시 성을 한 바퀴 돌고 진으로 돌아왔
다. 육 일 동안 그렇게 했다.
15-17 일곱째 날, 그들은 아침 일찍 일어나 성 둘레를 똑같은
방식으로 행진하되 그날만은 일곱 바퀴를 돌았다. 일곱 바
퀴째 돌 때에, 제사장들이 나팔을 불자 여호수아가 백성에
게 신호를 보냈다. "외치십시오! **하나님**께서 이 성을 여러
분에게 주셨습니다. 이 성과 그 안에 있는 모든 것은 거룩한
저주를 받아 **하나님**께 바쳐졌습니다.
다만 창녀 라합만은 예외입니다. 라합과 그 집에 있는 모든
사람은 우리가 보낸 정탐꾼들을 숨겨 주었으므로, 살려 두
어야 합니다.
18-19 거룩한 저주를 받은 이 성에서 여러분은 행동에 주의하
십시오. 성 안에 있는 물건을 탐내지 마십시오. 저주받은 것
을 취함으로써, 그 저주로 이스라엘 진을 위험에 빠뜨리고
모든 사람을 괴롭게 하는 일이 없도록 조심하십시오. 모든
은과 금, 동과 철로 만든 그릇은 **하나님**께 거룩한 것이니,
그것들은 **하나님**의 보물 보관소에 두십시오."
20 제사장들이 나팔을 불었다.
백성이 나팔소리를 듣고 우레처럼 큰소리로 외치자, 성벽이
곧바로 무너져 내렸다. 백성은 곧장 성 안으로 달려 들어가
그 성을 차지했다.

21 그들은 성 안의 모든 것을 거룩한 저주 아래 두어, 남녀노
소와 소와 양과 나귀를 가리지 않고 죽였다.
22-24 여호수아는 전에 그 땅을 정탐했던 두 사람에게 명령했
다. "그대들이 약속한 대로 그 창녀의 집에 들어가, 그녀뿐
아니라 그녀와 관계된 사람들을 모두 구하시오." 젊은 정탐
꾼들이 들어가서 라합과 그 부모와 형제, 곧 그녀와 관계된
사람들을 모두 데리고 나왔다. 온 가족을 데리고 나와서 이
스라엘 진 밖의 한곳에 있게 했다. 그리고 성과 그 안에 있
는 모든 것을 불살라 버렸다. 그러나 금과 은, 동과 철로 만
든 그릇은 예외여서, 그것은 모두 **하나님**의 집 보물 보관소
에 두었다.
25 여호수아는 창녀 라합만은 살려 주었다. 곧 라합과 그녀
의 아버지 집안과 그녀와 관계된 모든 사람을 살려 준 것이
다. 라합이 오늘까지 이스라엘 가운데 살아 있는데, 그것은
여호수아가 여리고를 정탐하도록 보낸 정탐꾼들을 그녀가
숨겨 주었기 때문이다.

26 그때 여호수아가 엄숙히 맹세했다.

이 여리고 성을 다시 세우려는 사람은
하나님 앞에 저주를 받을 것이다.
기초를 쌓으면 맏아들을 잃고
문짝을 달면 막내아들을 잃을 것이다.

27 **하나님**께서 여호수아와 함께 계셨으므로, 그는 온 땅에
널리 알려졌다.

아간의 범죄

7 1 그때에 이스라엘 백성이 거룩한 저주를 어기는 일
이 일어났다. 유다 지파 세라의 증손이요 삽디의 손
자요 갈미의 아들인 아간이, 저주받은 물건 가운데 일부를
취한 것이다. **하나님**께서 이스라엘 백성에게 진노하셨다.
2 여호수아가 여리고에서 베델 동쪽의 벳아웬 근처에 있는
아이(폐허)로 사람들을 보냈다. 그들에게 "올라가서 그 땅을
정탐하시오" 하고 지시하니, 그 사람들이 올라가서 아이를
정탐했다.
3 그들이 여호수아에게 돌아와 보고했다. "굳이 많은 백성
을 보내지 않아도 되겠습니다. 이삼천 명이면 충분히 아이
를 물리칠 수 있습니다. 군대를 모두 동원하여 지치게 할
필요가 없습니다. 그곳 사람의 수가 얼마 되지 않습니다."
4-5 그리하여 백성 가운데 삼천 명이 그곳으로 올라갔다. 그
러나 그들은 도리어 아이 사람들에게 패하여 도망쳐 왔다!
아이 사람들이 성문에서 채석장까지, 또 거기서 내리막길을
따라 쫓아오면서 이스라엘 사람 서른여섯 명을 죽였다. 백
성은 마음이 무너져 내렸고 기운을 다 잃고 말았다.
6 여호수아가 옷을 찢고 **하나님**의 궤 앞에서 얼굴을 땅에 대
고 엎드렸다. 그와 지도자들은 머리 위에 먼지를 뒤집어쓰

고 저녁때까지 엎드려 있었다.
7-9 여호수아가 말했다. "오 주 **하나님**, 어찌하여 이 백성을
요단 강 건너편으로 데려오셨습니까? 아모리 사람의 희생
물이 되게 하시려는 것입니까? 우리를 없애 버리시려는 것
입니까? 차라리 요단 강 동쪽에 정착할 것을 그랬습니다.
오 주님, 이스라엘이 적에게 패하여 도망쳤으니, 이제 제가
무슨 말을 할 수 있겠습니까? 가나안 사람과 이곳에 사는
다른 모든 사람이 이 소식을 들으면, 떼를 지어 몰려와서 순
식간에 우리를 해치울 것입니다. 그렇게 되면 주님의 명성
은 어떻게 지키시렵니까?"
10-12 **하나님**께서 여호수아에게 말씀하셨다. "일어나거라.
어찌하여 엎드려 있느냐? 이스라엘이 죄를 지었다. 그들이
내가 지키라고 명령한 언약을 어기고 내가 금지한 전리품
을 취했다. 또한 그것을 훔치고서는 자기가 한 짓을 은폐하
려고 그 훔친 것을 자기네 살림과 함께 감추어 두었다. 이스
라엘 백성은 더 이상 원수를 똑바로 쳐다볼 수 없게 되었다.
그들 자신이 전리품이 되고 말았다. 저주받은 물건을 너희
중에서 없애지 않으면, 나는 너희와 함께 있지 않을 것이다.
13 어서 시작하여라. 백성을 정결하게 하여라. 그들에게 자
신을 정결하게 하여 내일을 준비하라고 일러 주어라. **하나
님** 이스라엘의 하나님이 말한다. 진 안에 저주받은 물건이
있다. 그 저주받은 물건을 없애기 전에는 너희가 적과 맞설
수 없다.

14-15 아침 일찍 너희는 지파별로 나오너라. **하나님**이 지명하
는 지파는 가문별로 나오고, **하나님**이 지명하는 가문은 가
족별로 나오고, **하나님**이 지명하는 가족은 장정별로 나오너
라. 저주받은 물건을 가진 것으로 밝혀지는 사람은 그의 모
든 소유와 함께 불태워 버려라. 그가 **하나님**의 언약을 어기
고 이스라엘 가운데서 비열한 짓을 저질렀기 때문이다."
16-18 여호수아가 새벽같이 일어나서 이스라엘을 지파별로
불렀다. 그 가운데서 유다 지파가 뽑혔다. 이어서 그는 유다
지파를 가문별로 불렀는데 세라 가문이 뽑혔다. 다시 세라
가문을 불렀는데 삽디 가족이 뽑혔다. 그리고 삽디 가족을
한 사람씩 불렀는데, 유다 지파 세라의 증손이요 삽디의 손
자이요 갈미의 아들인 아간이 뽑혔다.
19 여호수아가 아간에게 말했다. "내 아들아, **하나님** 이스라
엘의 하나님께 영광을 돌려라. 그분께 자백하여라. 네가 한
일을 내게 말하여라. 하나도 숨기지 마라."
20-21 아간이 여호수아에게 대답했다. "사실, 제가 **하나님** 이
스라엘의 하나님께 죄를 지었습니다. 전리품 중에서 시날의
아름다운 겉옷 한 벌과 은 이백 세겔, 그리고 오십 세겔 되
는 금덩이가 보이기에 탐이 나서 취했습니다. 제 장막 안에
묻어 두었는데, 은은 맨 밑에 두었습니다."
22-23 여호수아가 사람들을 보냈다. 그들이 장막으로 달려가
보니, 과연 장막 안에 그 물건들이 묻혀 있었고 은이 맨 밑에
있었다. 그들은 장막에서 그 물건들을 취하여 여호수아와 이

스라엘 온 백성에게 가져와서 **하나님** 앞에 펼쳐 놓았다.
24 여호수아가 세라의 아들 아간을 잡고, 그 은과 겉옷과 금
덩이, 그의 아들딸들, 그의 소와 나귀와 양, 장막 등 그와 관
계된 모든 것을 취했다. 온 이스라엘이 그 자리에 함께 있었
다. 온 이스라엘 백성이 함께 그것들을 이끌고 아골 골짜기
(괴로움의 골짜기)로 갔다.
25-26 여호수아가 말했다. "어찌하여 네가 우리를 괴롭게 하
였느냐? **하나님**께서 오늘 너를 괴롭게 하실 것이다!" 그러
자 온 이스라엘이 그를 돌로 쳐서 죽였다. 그를 불태우고 돌
로 친 것이다. 그들은 그 위에 큰 돌무더기를 쌓았는데, 그
것이 오늘까지 그대로 남아 있다. 그제야 **하나님**께서 맹렬
한 진노를 거두셨다. 그래서 오늘까지 그곳을 괴로움의 골
짜기라고 부른다.

아이 성 점령

8 1 **하나님**께서 여호수아에게 말씀하셨다. "겁내지 마
라. 머뭇거리지도 마라. 너의 모든 군사를 이끌고 다
시 아이로 가거라. 내가 아이 왕과 그 백성과 성읍과 땅을
다 네게 넘겨주었다.
2 여리고와 그 왕에게 한 것처럼 아이와 그 왕에게도 행하여
라. 이번에는 재물과 가축을 너희 마음껏 전리품으로 취해
도 좋다. 성 뒤쪽에 군사들을 매복시켜라."
3-8 여호수아와 모든 군사들이 아이로 행군할 준비를 마쳤

다. 여호수아는 강하고 노련한 군사 삼만 명을 뽑아 밤중에 그들을 보내며 지시했다. "잘 들어라. 성 뒤쪽에 매복하되, 최대한 바짝 접근하여라. 깨어 있어라. 나와 내 군대는 성 정면으로 다가갈 것이다. 그들이 전처럼 우리를 맞서러 나오면, 우리는 돌아서서 도망칠 것이다. 그들은 성을 남겨 두고 우리를 뒤쫓아 올 것이다. 우리가 멀찍이 달아나면, 그들은 '지난번처럼 저들이 도망친다' 하고 말할 것이다. 너희는 이것을 신호 삼아 매복지에서 뛰쳐나와 성을 점령하여라. **하나님** 너희 하나님께서 그 성을 손쉽게 너희에게 넘겨주실 것이다. 일단 성을 차지하고 나서는 불살라 버려라. **하나님**께서 말씀하시니, 너희는 그 말씀대로 행하여라. 시작하여라. 내가 너희에게 명령을 내렸다."

9 여호수아가 그들을 보냈다. 그들은 아이 서쪽 베델과 아이 사이에 매복하고 기다렸다. 여호수아는 백성과 함께 그날 밤을 보냈다.

10-13 여호수아가 아침 일찍 일어나 군대를 소집했다. 그는 이스라엘의 지도자들과 함께 군대를 이끌고 아이로 향했다. 아이 성이 보이는 곳까지 전군이 곧장 행진해 올라가서 아이 북쪽에 진을 쳤다. 그들과 아이 사이에는 골짜기가 있었다. 그는 군사 오천 명 정도를 떼어서 성의 서쪽 베델과 아이 사이에 매복시켰다. 주력부대는 성 북쪽에, 매복부대는 성 서쪽에 두어 병력 배치를 마쳤다. 여호수아는 골짜기에서 그날 밤을 보냈다.

14 아이 왕이 이 모든 것을 보았고, 그 성의 사람들은 한시도
지체하지 않았다. 왕은 이스라엘과 맞서 싸우려고 아라바로
가는 길목 벌판으로 군대를 거느리고 새벽같이 나왔다. 성
뒤쪽에 자신들을 칠 매복부대가 있다는 것을 왕은 알지 못
했다.
15-17 여호수아와 온 이스라엘 군대는 쫓기는 척하며 광야 쪽
으로 도망쳤다. 성 안에 있던 사람들 모두가 명령대로 그들
의 뒤를 쫓았다. 그들은 여호수아를 쫓아 성을 멀리 벗어나
버렸다. 이스라엘을 쫓지 않고 아이나 베델에 남아 있는 사
람은 한 명도 없었다. 그들이 이스라엘을 뒤쫓는 동안 성은
무방비 상태로 비어 있었다.
18-19 그때 **하나님**께서 여호수아에게 말씀하셨다. "네 손에
든 단창을 아이를 향해 뻗어라. 내가 그 성을 네게 넘겨주겠
다." 여호수아는 손에 든 단창을 아이를 향해 뻗었다. 그것
을 신호로 해서, 매복해 있던 군사들이 뛰쳐나와 성으로 달
려가서 성을 점령하고 재빨리 불을 질렀다.
20-21 아이 사람들이 뒤를 돌아보니, 성에서 연기가 치솟고
있었다! 그들은 자신들이 벗어날 수 없는 덫에 걸렸음을 알
았다. 광야 쪽으로 도망치던 이스라엘 군대가 뒤로 돌아섰
다. 매복부대가 성을 점령하여 성에서 연기가 치솟는 것을
보고는, 여호수아와 온 이스라엘이 돌아서서 아이 사람들을
공격했다.
22-23 그때 매복 군사들도 성에서 쏟아져 나왔다. 양쪽에 이

스라엘 사람들을 두고 사이에 아이 사람들이 낀 형국이었
다. 어마어마한 살육이 벌어졌다. 아이 왕 외에는 단 한 사
람도 살아남지 못했다. 그들은 왕을 생포하여 여호수아에게
데려갔다.
24-25 이스라엘은 자신들을 뒤쫓던 아이 사람들을 벌판과 광
야에서 모두 죽였다. 이스라엘 사람들은 전투를 마치고 아
이로 돌아와 성을 완전히 폐허로 만들었다. 그날 죽은 사람
은 남녀 합해서 만이천 명으로, 아이 사람 전부였다.
26-27 아이와 그 모든 백성에 대한 거룩한 진멸이 마무리될
때까지 여호수아는 단창을 뻗어 든 손을 내리지 않았다. 이
스라엘은 그 성에 남아 있는 가축과 전리품을 취했다. **하나
님**께서 여호수아에게 지시하신 대로 행한 것이다.
28-29 여호수아는 아이를 잿더미로 만들었다. 영원히 아무것
도 없는 '무더기'요 '존재하지 않는 곳'으로 만들어 버린 것이
다. 그곳은 오늘까지 그대로 남아 있다. 여호수아는 아이 왕
을 나무에 매달았다. 저녁 무렵 해가 지자, 여호수아는 시체
를 나무에서 내리라고 명령했다. 사람들은 시체를 성 입구
에 버리고 그 위에 돌무더기를 높이 쌓았다. 그곳도 오늘까
지 그대로 남아 있다.

30-32 이 일 후에 여호수아가 에발 산에서 이스라엘의 **하나님**
께 제단을 쌓았다. 그는 **하나님**의 종 모세가 이스라엘 백성

에게 내린 지시를 따라, 모세의 계시의 책에 기록된 대로 제
단을 쌓았다. 쇠 연장으로 깎거나 다듬지 않은 돌로 쌓은 제
단이었다. 그들은 그 위에 번제와 화목제를 **하나님**께 드렸
다. 또한 여호수아는 이스라엘 백성이 지켜보는 앞에서 모
세의 계시를 돌에 새겨 넣었다.
33 온 이스라엘이 외국인과 본국인 할 것 없이 장로와 관리,
재판관들과 함께 **하나님**의 언약궤를 멘 레위 제사장들을 사
이에 두고 마주하여 궤 양편에 섰다. 전에 **하나님**의 종 모
세가 명령한 대로, 이스라엘 백성을 축복하기 위해 백성의
절반은 그리심 산을 등지고 서고 절반은 에발 산을 등지고
섰다.
34-35 그 후에, 여호수아는 계시에 기록된 모든 것, 축복과 저
주, 계시의 책에 있는 모든 말씀을 낭독했다. 모세가 명령한
모든 것 가운데서, 여호수아가 온 회중—남자와 여자와 아
이들, 그리고 그들과 여정을 함께한 외국인들—에게 낭독
해 주지 않은 말씀은 하나도 없었다.

기브온 사람과 맺은 조약

9 1-2 요단 강 서편의 산지와 작은 언덕과 레바논 북쪽의
지중해 연안에 살고 있는 헷 사람, 아모리 사람, 가나
안 사람, 브리스 사람, 히위 사람, 기르가스 사람, 여부스 사
람의 왕이 그 소식을 들었다. 그들은 함께 모여 한 지휘부 아
래 여호수아와 이스라엘에 맞서 싸우기로 동맹을 맺었다.

3-6 기브온 사람들은 여호수아가 여리고와 아이에 행한 일을
듣고 계략을 꾸몄다. 그들은 나그네로 가장했다. 군데군데
덧대고 기운 자루와 포도주 부대를 나귀에 싣고, 너덜너덜
한 신발을 신고, 누더기 옷을 걸치고, 말라비틀어진 빵 조각
과 부스러기 음식만 챙겼다. 그러고는 길갈에 있는 여호수
아에게 와서 이스라엘 사람들에게 말했다. "우리는 먼 나라
에서 왔습니다. 우리와 조약을 맺어 주십시오."
7 이스라엘 사람들이 이 히위 사람들에게 말했다. "당신들
이 이 지방 사람이 아니라는 것을 어떻게 알고 우리가 당신
들과 조약을 맺을 수 있겠소?"
8 그들이 여호수아에게 말했다. "우리가 당신의 종이 되겠
습니다."
여호수아가 말했다. "당신들은 누구며, 어디서 왔소?"
9-11 그들이 말했다. "먼 나라, 아주 멀리서 왔습니다. 당신의
종들이 이렇게 온 것은, **하나님** 당신의 하나님에 대해 굉장
한 일들을 들었기 때문입니다. 그분께서 이집트에서 행하신
모든 일 말입니다! 요단 강 동쪽의 두 아모리 왕, 곧 헤스본
왕 시혼과 아스다롯에서 다스리던 바산 왕 옥에게 행하신
일도 우리가 들었습니다! 우리 지도자들과 우리 나라의 모
든 사람들이 '길에서 먹을 음식을 싸 가지고 가서 그들을 만
나시오. 그리고 우리는 당신들의 종이니 우리와 조약을 맺
어 달라고 전하시오' 하고 우리에게 말했습니다.
12-13 당신들을 만나려고 떠나올 때만 해도, 이 빵은 갓 구운

것처럼 따끈따끈했습니다. 그런데 보십시오. 빵 조각과 부
스러기만 남았습니다. 갈라져서 기운 이 포도주 부대도 처
음 포도주를 담을 때는 새것이나 다름없었습니다. 우리의
옷과 신발도 멀고 험한 길을 오느라 이렇게 누더기가 되었
습니다."
14 이스라엘 사람들은 그들을 살펴보고 그들의 말을 받아들
였다. 그러나 이 일에 대해 **하나님**께 여쭙지는 않았다.
15 여호수아는 그들과 화친하여 그들의 목숨을 보장하는 조
약을 정식으로 맺었다. 회중의 지도자들도 그 조약을 지키
기로 맹세했다.
16-18 그들과 조약을 맺은 지 사흘 후에, 이스라엘 백성은 그
사람들이 줄곧 그곳에 살아온 가까운 이웃인 것을 알게 되
었다! 이스라엘 백성은 진을 걷고 출발하여 사흘 후에 그들
의 성읍인 기브온, 그비라, 브에롯, 기랏여아림에 이르렀
다. 그러나 이스라엘 백성은 그들을 치지 않았다. 회중의 지
도자들이 이스라엘의 **하나님** 앞에서 약속했기 때문이다. 그
러자 회중은 지도자들에게 반발하고 나섰다.
19-21 지도자들이 단합하여 회중에게 대답했다. "우리가 이스
라엘의 **하나님** 앞에서 그들에게 약속했습니다. 그러니 그들
에게 손을 대서는 안됩니다. 그들을 살려 주지 않으면 약속
을 어긴 책임을 면할 수 없을 것입니다." 지도자들은 이어서
말했다. "우리는 그들을 살려 둘 것입니다. 다만 그들은 온
회중을 위해 장작 패는 자와 물 긷는 자로 살아갈 것입니다."

지도자들이 약속한 대로 되었다.
22-23 여호수아가 기브온 사람들을 불러 모아 말했다. "어째
서 당신들은 우리 가까이 있는 이웃이면서 '우리는 아주 먼
곳에 삽니다'라는 말로 우리를 속였소? 그러니 당신들은 저
주를 받아, 지금부터 막노동을 해야 할 것이오. 내 하나님의
집을 위해 장작 패는 자와 물 긷는 자가 될 것이오."
24-25 그들이 여호수아에게 대답했다. "**하나님** 당신의 하나
님께서 그분의 종 모세를 통해 명령하신 말씀, 곧 온 땅을
당신들에게 주고 그 땅에 사는 사람들을 모두 멸하라고 하
신 말씀을 우리가 똑똑히 들었습니다. 우리는 당신들 때문
에 겁이 났습니다. 그래서 그렇게 했습니다. 그게 전부입니
다. 이제 우리는 당신의 처분에 따르겠습니다. 당신이 옳다
고 여기시는 대로 우리에게 행하십시오."
26-27 사정이 그렇게 된 것이었다. 여호수아는 이스라엘 백성
이 그들을 죽이지 못하도록 보호했다. 그는 그들로 하여금
회중이 쓰고, **하나님**이 택하신 곳에서 **하나님**의 제단에서
쓸 장작 패는 자와 물 긷는 자로 삼았다. 오늘까지도 그들은
그 일을 하고 있다.

여호수아가 기브온을 구하다

10 1-2 얼마 후 예루살렘 왕 아도니(나의 주)세덱은,
여호수아가 여리고와 그 왕에게 한 것처럼 아이
를 취하여 아이와 그 왕을 거룩한 저주 아래 전멸시켰다는

소식을 들었다. 그는 또 기브온 사람들이 이스라엘과 조약
을 맺고 이웃으로 살고 있다는 소식도 들었다. 그와 그의 백
성은 크게 놀랐다. 기브온은 큰 성—왕이 있는 어느 성 못
지않게 크고 아이보다도 큰성—이었고 그곳 사람들은 모두
노련한 전사들이었기 때문이다.
3-4 예루살렘 왕 아도니세덱은 헤브론 왕 호함, 야르뭇 왕 비
람, 라기스 왕 야비아, 에글론 왕 드빌에게 전갈을 보냈다.
"와서 나를 도와주시오. 우리가 함께 기브온을 칩시다. 그
들이 여호수아와 이스라엘 백성과 동맹을 맺었소."
5 그래서 아모리 사람의 (서쪽) 다섯 왕—예루살렘 왕, 헤브
론 왕, 야르뭇 왕, 라기스 왕, 에글론 왕—은 연합군을 결성
하여 기브온을 치기 위해 나섰다.
6 기브온 사람들은 길갈의 진에 있는 여호수아에게 전갈을
보냈다. "우리를 저버리지 마십시오! 속히 이리로 올라와서
우리를 구해 주십시오! 산지에 사는 아모리 사람의 왕들이
힘을 합쳐 우리를 공격하고 있습니다."
7-8 여호수아는 전군을 이끌고 길갈을 떠났다. 그들 모두가
강한 군사들이었다! **하나님**께서 그에게 말씀하셨다. "머뭇
거릴 것 없다. 내가 그들을 네 손아귀에 두었으니, 그들 중
누구도 네게 맞서지 못할 것이다."
9-11 여호수아는 길갈에서 밤새도록 행군하여 기습작전으
로 그들을 쳤다. **하나님**께서 이스라엘 앞에서 그들을 완전
히 혼란에 빠뜨리셔서, 기브온에서 큰 승리를 주셨다. 이스

라엘은 벳호론으로 가는 산등성이를 따라 아세가와 막게다
까지 추격하며 그들과 싸웠다. 그들이 이스라엘 백성에게서
달아나 벳호론 산등성이에서 아세가까지 비탈을 내려가는
동안, **하나님**께서 하늘에서 큰 우박을 퍼부으셔서 많은 사
람들이 죽었다. 이스라엘 백성의 칼에 죽은 사람보다 우박
에 맞아 죽은 사람이 더 많았다.
12-13 **하나님**께서 아모리 사람을 이스라엘에게 넘겨주시던 날,
여호수아가 온 이스라엘이 듣는 데서 **하나님**께 아뢰었다.

"해야, 기브온 위에 멈추어라.
달아, 아얄론 골짜기 위에 머물러라."
그러자 그가 적들을 물리칠 때까지
해가 멈추었고
달이 꼼짝하지 않았다.

13-14 (야살의 책에도 이 일이 기록되어 있다.) 해가 곧 중천에
멈추어 서서, 하루 종일 그 자리에 있었다. 그런 날은 전에
도 없었고 이후로도 없었다. **하나님**께서 사람의 목소리를
들어주셨다! 참으로 **하나님**께서 이스라엘을 위해 싸워 주
셨다.
15 그 후에 여호수아는 온 이스라엘을 이끌고 길갈의 진으로
돌아왔다.

16-17 한편, 다섯 왕은 막게다의 굴에 숨어 있었다. 누군가 여
호수아에게 "다섯 왕이 막게다 굴에 숨은 것을 알아냈습니
다" 하고 전했다.
18-19 여호수아가 말했다. "큰 돌을 굴려 굴 입구를 막고 호위
병들을 세워 지켜라. 너희는 지체하지 말고 적을 추격하여
라. 퇴로를 차단하여, 그들이 자기들 성읍으로 다시 들어가지
못하게 하여라. **하나님**께서 그들을 너희에게 넘겨주셨다."
20-21 여호수아와 이스라엘 백성은 그들을 죽여 전멸시켰다.
겨우 몇 사람만 피하여 요새화된 성읍들로 도망쳐 갔다. 온
군대가 무사히 진으로, 막게다의 여호수아에게로 돌아왔다.
그날 이스라엘 백성 가운데서 어떤 비판의 소리도 들리지
않았다!
22 그때 여호수아가 말했다. "굴 입구를 열고 다섯 왕을 내게
로 데려오너라."
23 그들은 명령대로 했다. 다섯 왕 곧 예루살렘 왕, 헤브론
왕, 야르뭇 왕, 라기스 왕, 에글론 왕을 굴에서 끌어내어 그
에게 데려왔다.
24 그들이 다섯 왕을 모두 여호수아 앞에 두자, 여호수아는
군대를 소집하여 자기와 함께했던 야전 사령관들에게 말했
다. "이리 나와서, 이 왕들의 목을 발로 밟으시오."
그들이 다가가서 왕들의 목을 밟았다.
25 여호수아가 그들에게 말했다. "주저하거나 겁내지 말고,
힘을 내시오! 담대하시오! 여러분이 싸우러 나갈 때마다 하

나님께서 여러분의 모든 적들에게 이렇게 하실 것입니다."
26-27 그러고 나서 여호수아는 왕들을 쳐죽였다. 그는 다섯
개의 나무에 그들을 매달아 저녁때까지 두었다. 해가 지자
여호수아가 명령을 내렸다. 사람들은 그들을 나무에서 내려
그들이 숨었던 굴 속에 던지고, 굴 입구를 큰 돌로 막았다.
그곳은 오늘까지 그대로 남아 있다.

살아남은 자가 하나도 없었다

28 그날 여호수아는 막게다를 점령했는데, 왕까지 죽이는 큰
살육이었다. 그가 거룩한 저주를 행하니, 살아남은 자가 하
나도 없었다. 막게다 왕도 여리고 왕이 당한 것과 똑같이 당
했다.
29-30 여호수아는 온 이스라엘과 함께 막게다에서 립나로 이
동하여 립나와 싸웠다. **하나님**께서 립나를 이스라엘에게 넘
겨주셨다. 그들은 그 성읍과 왕을 점령하고 모두 진멸했다.
살아남은 자가 하나도 없었다. 립나 왕도 여리고 왕이 당한
것과 똑같이 당했다.
31-32 여호수아는 온 이스라엘과 함께 립나에서 라기스로 이
동했다. 그는 근처에 진을 치고 공격했다. **하나님**께서 라기
스를 이스라엘에게 넘겨주셨다. 이스라엘은 이틀 만에 그곳
을 점령하고 사람들을 모두 죽였다. 그는 립나에서 한 것과
똑같이 거룩한 저주를 행했다.
33 게셀 왕 호람이 라기스를 도우려고 왔다. 여호수아는 그

와 그의 군대를 쳐서 한 사람도 남기지 않았다. 살아남은 자
가 하나도 없었다.
34-35 여호수아는 온 이스라엘과 함께 라기스에서 에글론으
로 이동하여 그곳에 진을 치고 공격했다. 그들은 그곳을 점
령하고 모든 사람을 죽여서, 라기스에서 한 것과 똑같이 거
룩한 저주를 행했다.
36-37 여호수아는 온 이스라엘과 함께 에글론에서 헤브론으
로 올라갔다. 그는 그곳을 공격하여 점령했다. 온 이스라엘
이 왕과 마을과 백성을 치고 모든 사람을 죽였다. 에글론과
마찬가지로, 살아남은 자가 하나도 없었다. 그 성읍과 백성
에게 거룩한 저주를 행했다.
38-39 그 후에, 여호수아는 온 이스라엘과 함께 드빌 쪽으로
돌아서 그곳을 공격했다. 그는 그 성읍과 왕과 마을들을 점
령했다. 모든 사람을 죽였다. 모든 사람과 모든 것을 거룩한
저주 아래 두었다. 살아남은 자가 하나도 없었다. 드빌과 그
왕도, 헤브론과 그 왕과 립나와 그 왕이 당한 것과 똑같이
당했다.

40-42 여호수아는 산지, 사막, 작은 언덕, 산비탈 등 온 땅을
차지하고 그 땅의 모든 왕을 취했다. 그는 한 사람도 살려
두지 않았다. **하나님** 이스라엘의 하나님께서 일찍이 명령하
신 대로, 숨 쉬는 모든 것에 거룩한 저주를 행했다. 여호수

아의 정복지는 가데스바네아에서 가사까지, 고센 전역에서
기브온까지 이르렀다. 여호수아가 단번의 출정으로 이 모든
왕과 그들의 땅을 차지할 수 있었던 것은, **하나님** 이스라엘
의 하나님께서 이스라엘을 위해 싸우셨기 때문이다.
43 그 후에 여호수아는 온 이스라엘과 함께 길갈의 진으로
돌아왔다.

11

1-3 하솔 왕 야빈이 이 소식을 듣고, 마돈 왕 요
밥, 시므론 왕, 악삽 왕, 북쪽 산지의 모든 왕, 긴
네롯 남쪽 골짜기의 왕, 서쪽 작은 언덕과 나봇도르의 왕,
동쪽과 서쪽의 가나안 사람, 아모리 사람과 헷 사람과 브리
스 사람과 산지의 여부스 사람, 미스바 지방 헤르몬 산 아래
사는 히위 사람에게 전갈을 보냈다.
4-5 그들은 모든 병력을 한데 모아 총력전을 벌였는데, 그
군사의 수가 바닷가의 모래알처럼 셀 수 없이 많았고, 말
과 전차들은 말할 것도 없었다. 이 모든 왕이 이스라엘과
싸울 태세를 갖추고 메롬 물가에 모여서 함께 진을 쳤다.
6 **하나님**께서 여호수아에게 말씀하셨다. "그들 때문에 걱정
할 것 없다. 내일 이맘때 내가 그들을 모두 이스라엘에게 넘
겨주어 죽게 할 것이다. 너는 그들의 말 뒷발 힘줄을 끊고
전차들을 불태워 버려라."
7-9 여호수아는 온 군대를 이끌고 메롬 물가에서 그들을 기

습공격했다. **하나님**께서 그들을 이스라엘에게 넘겨주셨다.
이스라엘은 큰 시돈과 미스르봇마임까지, 동쪽으로는 미스
바 골짜기까지 그들을 추격하며 공격했다. 살아남은 자가
하나도 없었다. 여호수아는 **하나님**께서 명령하신 대로 그들
에게 행했다. 그들의 말 뒷발 힘줄을 끊고, 전차들을 불태워
버렸다.
10-11 그 후에 여호수아가 돌아와 하솔을 차지하고 그 왕을
죽였다. 일찍이 하솔은 그 모든 왕국의 우두머리였다. 이스
라엘은 그곳 사람들을 모두 죽여 거룩한 저주를 행했다. 어
디서든 단 한 명의 목숨도 살려 두지 않았다. 여호수아는 하
솔을 불태워 버렸다.
12-14 여호수아는 그 모든 왕의 성읍들을 점령하고 그 왕들을
쳐죽였다. **하나님**의 종 모세가 명령한 거룩한 저주 그대로
였다. 그러나 이스라엘은 하솔을 제외한 산 위의 성읍들은
불사르지 않았다. 하솔은 여호수아가 불태워 버렸다. 이스
라엘 백성은 그 성읍들에서 가축을 비롯한 전리품을 약탈해
가졌으나, 사람들은 모두 죽였다. 숨을 쉬는 사람은 하나도
살려 두지 않았다.
15 **하나님**께서 그 종 모세에게 명령하신 대로, 모세는 여호
수아에게 명령했고 여호수아는 그 명령대로 행했다. **하나님**
께서 모세에게 명령하신 것 가운데 여호수아가 행하지 않은
것은 하나도 없었다.

16-20 여호수아는 산지, 남쪽 사막, 고센 전역, 작은 언덕, 골
짜기(아라바), 이스라엘 산지와 거기에 딸린 작은 언덕까지
온 땅을 차지했다. 세일 지방에 우뚝 솟은 할락 산에서부터
헤르몬 산 아래 레바논 골짜기의 바알갓까지, 그 땅의 모든
왕을 잡아서 죽였다. 여호수아는 이 왕들과 오랫동안 싸웠
다. 기브온에 사는 히위 사람 외에는 이스라엘 백성과 화친
한 성읍이 하나도 없었다. 나머지 모든 성읍은 이스라엘이
싸워서 차지했다. 그들이 고집스럽게 이스라엘과 싸운 것
은, 그들을 불쌍히 여기지 않고 거룩한 저주 아래 두시려는
하나님의 의도였다. 이렇게 여호수아는 **하나님**께서 모세에
게 명령하신 대로 그들을 전멸시킬 수 있었다.

21-22 그때에 여호수아가 또 나가서, 산지와 헤브론, 드빌, 아
납, 유다 산지, 이스라엘 산지에서 아낙 사람을 전멸시켰다.
여호수아는 그들과 그 성들에 거룩한 저주를 행했다. 이스
라엘 백성의 땅에는 아낙 사람이 하나도 남지 않았다. 다만
가사와 가드와 아스돗에만 조금 남아 있었다.
23 여호수아는 온 지역을 차지했다. 그는 **하나님**께서 모세
에게 말씀하신 모든 것을 행했다. 그리고 그 땅을 지파별로
이스라엘에게 유산으로 나누어 주었다.

마침내 이스라엘이 전쟁에서 벗어나 쉼을 얻었다.

이스라엘이 물리친 왕들

12 [1] 이스라엘 백성은 아르논 협곡에서 헤르몬 산에
이르는 요단 강 동쪽 땅과 아라바 골짜기 동쪽
땅을 차지했다. 그 땅을 다스리던 왕들은 이러하다.
2-3 헤스본에서 다스리던 아모리 왕 시혼. 그는 아르논 협곡
끝에 있는 아로엘에서부터 협곡 가운데와 길르앗 절반 이상
을 지나 암몬 사람의 경계인 얍복 강 협곡까지 다스렸다. 아
라바 골짜기 동쪽 방면의 긴네렛 바다부터 아라바 바다(소
금 바다)까지도 그의 영토였는데, 동쪽으로는 벳여시못, 남
쪽으로는 비스가 산기슭에 이르렀다.
4-5 르바 사람의 마지막 후손 중 하나로, 아스다롯과 에드레
이에서 다스리던 바산 왕 옥. 그는 헤르몬 산과 살르가에서
바산 전역을 지나 그술 사람과 마아가 사람의 경계까지(길
르앗의 남은 절반)와 헤스본 왕 시혼의 경계까지 다스렸다.
6 **하나님**의 종 모세와 이스라엘 백성이 그들을 물리쳤다.
하나님의 종 모세는 이 땅을 르우벤 지파, 갓 지파, 므낫세
반쪽 지파에게 유산으로 나누어 주었다.

7-24 여호수아와 이스라엘 백성이 요단 강 서쪽 레바논 골짜
기의 바알갓에서부터 남쪽으로 세일에 우뚝 솟은 할락 산까

지의 땅에서 물리친 왕들은 이러하다. 여호수아는 이 땅을 이스라엘 지파들에게 구획별로 나누어 주어 그들의 소유가 되게 했다. 그 땅은 산지, 서쪽의 작은 언덕, 아라바 골짜기, 비탈, 광야, 네겝 사막의 땅(헷 사람, 아모리 사람, 가나안 사람, 브리스 사람, 히위 사람, 여부스 사람이 살던 땅)이었다. 그 왕들은 다음과 같다.

여리고 왕
(베델 근처) 아이 왕
예루살렘 왕
헤브론 왕
야르뭇 왕
라기스 왕
에글론 왕
게셀 왕
드빌 왕
게델 왕
호르마 왕
아랏 왕
립나 왕
아둘람 왕
막게다 왕
베델 왕

답부아 왕
헤벨 왕
아벡 왕
랏사론 왕
마돈 왕
하솔 왕
시므론므론 왕
악삽 왕
다아낙 왕
므깃도 왕
게데스 왕
갈멜의 욕느암 왕
도르(나봇도르) 왕
길갈의 고임 왕
디르사 왕.

왕의 수는 모두 서른한 명이었다.

유산으로 받은 땅

13 1-6 여호수아가 나이가 들자, **하나님**께서 그에게
말씀하셨다. "네가 강건하게 오래 살았으나, 아
직 차지해야 할 땅이 많이 남아 있다. 남은 땅은 이러하다.
블레셋 사람과 그술 사람의 모든 지역

이집트 동쪽 시홀 강에서부터 가나안 사람의 땅인 북쪽 에
그론 경계까지의 땅(가사, 아스돗, 아스글론, 가드, 에그론에는
블레셋의 다섯 군주가 있었다), 그리고 남쪽 아위 사람의 땅
(시돈 사람에게 속한) 아라에서부터 아모리 사람의 경계인 아
벡에 이르는 가나안 사람의 모든 땅
그발 사람의 땅
헤르몬 산 아래 바알갓에서부터 하맛 입구에 이르는 동쪽
레바논 전역
레바논에서부터 미스르봇마임에 이르는 산지에 사는 모든
사람
시돈 모든 사람.

6-7 내가 직접 그들을 이스라엘 백성 앞에서 쫓아낼 것이다.
너는 내가 지시한 대로, 이 땅을 이스라엘에게 유산으로 나
누어 주기만 하면 된다. 너는 지금 이 땅을 아홉 지파와 므
낫세 반쪽 지파에게 유산으로 나누어 주어라."

요단 강 동쪽의 땅

8 므낫세 지파의 다른 반쪽은 르우벤 지파, 갓 지파와 함께
이미 요단 강 건너편 동쪽 땅을 모세에게 유산으로 받았다.
하나님의 종 모세가 그 땅을 그들에게 주었다.
9-13 그 땅은 아르논 협곡 끝에 있는 아로엘과 골짜기 가운데
있는 성읍에서 시작하여, 디본까지 뻗은 메드바 고원 전역

과 헤스본에서 다스리던 아모리 왕 시혼의 모든 성읍을 지나 암몬 사람의 경계까지 이르렀다. 또한 길르앗과 그술 사람과 마아갓 사람의 땅, 헤르몬 산 전역, 살르가까지 뻗은 바산 전 지역, 곧 아스다롯과 에드레이에서 다스리던 바산 왕 옥의 온 나라가 그 땅에 포함되었다. 옥은 르바 사람의 마지막 생존자 가운데 하나였다. 모세는 그들을 물리치고 땅을 차지했다. 이스라엘 백성이 그술 사람과 마아갓 사람을 쫓아내지 못했기 때문에, 그들이 오늘까지 이스라엘 가운데 살고 있다.

14 레위 지파만은 유산을 받지 않았다. 하나님께서 말씀하신 대로, **하나님** 이스라엘의 하나님께 드리는 불살라 바치는 제물이 그들의 유산이기 때문이다.

르우벤 지파가 받은 땅

15-22 르우벤 지파에게 모세가 가문별로 나눠 준 땅은 이러하다.
아르논 협곡 끝에 있는 아로엘에서부터 골짜기 가운데 있는 성읍까지의 땅과 메드바 주변의 고원지대
헤스본과 그 고원에 있는 모든 성읍(디본, 바못바알, 벳바알므온, 야하스, 그데못, 메바앗, 기랴다임, 십마, 골짜기 산에 있는 세렛사할, 벳브올, 비스가 기슭, 벳여시못)
고원지대에 있는 모든 성과 헤스본에서 다스리던 아모리 왕 시혼의 온 나라. 모세는 시혼뿐 아니라 그 땅에 살던 미디안의 귀족들 곧 에위, 레겜, 수르, 훌, 레바를 죽였는데, 그들

은 모두 시혼의 꼭두각시였다. (전쟁중에 죽은 이들 외에, 브올의 아들인 점술가 발람도 이스라엘 백성에게 죽임을 당했다.)

23 르우벤 지파의 경계는 요단 강가였다. 이것이 르우벤 지파가 가문에 따라 유산으로 받은 마을과 성읍들이다.

갓 지파가 받은 땅

24-27 갓 지파에게 모세가 가문별로 나눠 준 땅은 이러하다.
야스엘 지역, 길르앗의 모든 성읍, 랍바 앞 아로엘에 이르는 암몬 사람의 땅 절반
헤스본에서 라맛미스바와 브도님까지, 마하나임에서 드빌 지역에 이르는 땅
골짜기에 있는 벳하람과 벳니므라와 숙곳과 사본, 헤스본 왕 시혼의 나라의 남은 땅(북쪽 긴네렛 바다의 끝에 이르는 요단 강 동쪽).

28 이것이 갓 지파가 가문에 따라 유산으로 받은 성읍과 마을들이다.

므낫세 반쪽 지파가 받은 땅

29-31 므낫세 반쪽 지파에게 모세가 가문별로 나눠 준 땅은 이러하다.
마하나임에서 뻗어 있는 땅

바산 왕 옥의 온 나라 영토인 바산 전역, 바산에 있는 야일
의 정착지 전부인 예순 개의 성읍
길르앗의 절반과 바산 왕 옥의 도성인 아스다롯과 에드레이
는 므낫세의 아들 마길의 후손(곧 마길 자손의 반쪽)에게 가
문별로 돌아갔다.

32-33 이것이 모세가 여리고 동쪽 요단 강 건너편 모압 평지에
있을 때 유산으로 나눠 준 땅이다. 그러나 모세는 레위 지파
에게는 유산을 주지 않았다. 하나님께서 말씀하신 대로, **하
나님** 이스라엘의 하나님이 그들의 유산이기 때문이다.

요단 강 서쪽의 땅

14
1-2 이스라엘 백성이 가나안 땅에서 받은 유산은
다음과 같이 분배되었다. 제사장 엘르아살과 눈
의 아들 여호수아와 가문의 우두머리들이 분배하는 일을 맡
았는데, **하나님**께서 모세에게 명령하신 대로, 제비를 뽑아
아홉 지파와 반쪽 지파에게 각각의 유산을 나누어 주었다.
3-4 모세가 이미 요단 강 동쪽에서 두 지파와 반쪽 지파에게
유산을 주었지만, 레위 지파에게는 다른 지파들에게 한 것
처럼 유산을 나누어 주지 않았다. 요셉 자손이 므낫세와 에
브라임 두 지파가 되었기 때문이다. 그러나 그들에게도 거
주할 성읍들과 양과 소를 먹일 목초지는 주었다.
5 이스라엘 백성은 **하나님**께서 모세에게 명령하신 그대

로, 그 땅을 나누었다.

갈렙이 헤브론을 유산으로 받다

6-12 유다 자손이 길갈에 있는 여호수아에게 나아왔다. 그니
스 사람 여분네의 아들 갈렙이 말했다. "전에 **하나님**께서 가
데스바네아에서 하나님의 사람 모세에게 그대와 나에 대해
서 한 말을 그대도 기억할 것입니다. **하나님**의 종 모세가 이
땅을 정탐하라고 가데스바네아에서 나를 보낼 때 내 나이
마흔이었습니다. 그때 나는 돌아와서 정직하고 정확하게 보
고했습니다. 나와 함께 갔던 동료들은 백성을 낙담케 했으
나, 나는 한 발도 물러서지 않고 **하나님** 나의 하나님과 온전
히 함께했습니다. 바로 그날 모세는 엄숙히 약속하며 '네가
발로 밟은 땅은 네 유산이 될 것이다. 영원히 너와 네 자손
의 유산이 될 것이다. 네가 온전히 **하나님**을 위해 살았기 때
문이다' 하고 말했습니다. 이제 보십시오. **하나님**께서는 약
속하신 대로, 오늘까지 나를 살게 하셨습니다. **하나님**께서
모세에게 그 말씀을 하신 지 어느새 마흔다섯 해가 지났습
니다. 이스라엘이 광야를 방황한 세월입니다. 그리고 지금
나는 여든다섯의 나이로 여기 있습니다! 지금도 나는 모세
가 정탐 보내던 날과 마찬가지로 힘이 넘치고, 전쟁에 들고
나는 기력 또한 여느 때 못지않습니다. 그러니 **하나님**께서
내게 약속하신 대로 이 산지를 내게 주십시오. 그대도 직접
보고를 받아서 아는 것처럼, 그곳에는 아낙 자손이 있고 요

새화된 큰 성읍들이 있습니다. 그러나 **하나님**께서 나와 함께하시면, **하나님**께서 말씀하신 대로 내가 그들을 쫓아내겠습니다."
13-14 여호수아가 갈렙을 축복했다. 그는 여분네의 아들 갈렙에게 헤브론을 유산으로 주었다. 헤브론은 오늘까지 그니스 사람 여분네의 아들 갈렙의 소유로 되어 있다. 그가 **하나님** 이스라엘의 하나님께 온전히 자신을 드렸기 때문이다.
15 헤브론의 옛 이름은 기럇아르바였는데, 아낙 사람 가운데서 가장 위대한 인물인 아르바의 이름을 딴 것이다.
그 땅이 전쟁에서 벗어나 쉼을 얻었다.

유다 지파가 받은 땅

15 1 유다 자손이 가문별로 제비 뽑아 받은 땅은, 남쪽으로 에돔 경계까지이며 남쪽 끝 신 광야에까지 이른다.
2-4 남쪽 경계는 소금 바다 끝 혀 모양의 남단에서 시작하여 전갈 고개에서 남쪽으로 내려가 신을 돌아 가데스바네아 바로 남쪽에 이르고, 헤스론을 지나 앗달로 올라가다가 구부러져 갈가에 이른다. 거기서 다시 아스몬까지 이어지다 이집트 시내로 나아가 바다에서 끝난다. 이것이 남쪽 경계다.
5-11 동쪽 경계는 위로 요단 강이 끝나는 지점에 이르는 소금 바다다.
북쪽 경계는 요단 강이 끝나는 소금 바다 여울목에서 시작

하여 벳호글라로 올라가서 벳아라바 북쪽으로 돌아 르우벤
자손 보한의 돌에 이른다. 그 경계는 다시 괴로움의 골짜기
에서 드빌로 올라간 후에 북쪽으로 방향을 틀어 골짜기 남
쪽 붉은 고갯길 맞은편에 있는 길갈에 이르고, 엔세메스 물
을 따라가다 엔로겔에서 끝난다. 거기서 다시 여부스 등성
이 (곧 예루살렘) 남쪽 비탈을 따라 난 벤힌놈 골짜기를 따라
가다가 서쪽으로 르바임 골짜기 북단인 힌놈 골짜기 맞은편
에 있는 산꼭대기로 올라간다. 다시 경계는 산꼭대기에서
돌아 넵도아 샘물 근원에 이르고 골짜기를 따라 에브론 산
으로 나와서 바알라(곧 기럇여아림) 쪽으로 돌다가, 바알라
서쪽에서 다시 세일 산으로 돌아 구부러져 여아림 산(곧 그
살론)의 북쪽 어깨에 이르고, 벳세메스로 내려가 딤나로 건
너간다. 거기서 다시 북쪽으로 에그론 등성이까지 가서 식
그론 쪽으로 돌아 바알라 산까지 계속 이어지다가 얍느엘로
나와서 바다에서 끝난다.
12 서쪽 경계는 큰 바다 해안이다.
이것이 유다 자손이 가문별로 받은 땅의 사방 경계다.

13 여호수아는 **하나님**께서 명령하신 대로 유다 자손의 유산
가운데서 한 부분을 여분네의 아들 갈렙에게 주었다. 그는
갈렙에게 기럇아르바, 곧 헤브론을 주었다. 아르바는 아낙
사람의 조상이다.
14-15 갈렙은 헤브론에서 세 명의 아낙 사람 곧 세새, 아히만,

달매를 몰아냈는데, 그들은 모두 아낙의 후손이다. 그는 거
기서 위로 진격하여 드빌 사람들을 쳤다. 드빌의 옛 이름은
기랏세벨이다.
16-17 갈렙은 "누구든지 기랏세벨을 공격하여 점령하는 사람
에게는, 내 딸 악사를 아내로 주겠다"고 말했다. 갈렙의 동
생 그나스의 아들 옷니엘이 그곳을 점령했다. 그래서 갈렙
은 자기 딸 악사를 그에게 아내로 주었다.

18-19 악사가 도착해서 옷니엘을 시켜
자기 아버지에게 밭을 청하게 했다.
악사가 나귀에서 내리자 갈렙이 물었다.
"무엇을 원하느냐?"
악사가 대답했다. "제게 결혼 예물을 주십시오.
아버지께서 제게 사막의 땅을 주셨으니,
이제 샘물도 주십시오!"
그래서 갈렙은 윗샘과 아랫샘을 딸에게 주었다.

20-32 유다 자손의 지파가 가문별로 받은 유산은 이러하다.
네겝에 있는 유다 지파의 남쪽 성읍들은 에돔 경계에 인접
해 있었다.

갑스엘, 에델, 야굴

기나, 디모나, 아다다
게데스, 하솔, 잇난
십, 델렘, 브알롯
하솔하닷다, 그리욧헤스론(곧 하솔)
아맘, 세마, 몰라다
하살갓다, 헤스몬, 벳벨렛
하살수알, 브엘세바, 비스요댜
바알라, 이임, 에셈
엘돌랏, 그실, 호르마
시글락, 맛만나, 산산나
르바옷, 실힘, 아인, 림몬 등
모두 스물아홉 성읍과 그 주변 마을들이다.

33-47 세벨라(서쪽 작은 언덕)에는
에스다올, 소라, 아스나
사노아, 엔간님, 답부아, 에남
야르뭇, 아둘람, 소고, 아세가
사아라임, 아디다임, 그데라(또는 그데로다임) 등
열네 성읍과 그 주변 마을들
스난, 하다사, 믹달갓
딜르안, 미스바, 욕드엘
라기스, 보스갓, 에글론
갑본, 라맘, 기들리스

그데롯, 벳다곤, 나아마, 막게다 등
열여섯 성읍과 그 주변 마을들
립나, 에델, 아산
입다, 아스나, 느십
그일라, 악십, 마레사 등
아홉 성읍과 그 주변 마을들
에그론과 그 성읍과 주변 마을들
에그론에서 서쪽으로 바다까지 아스돗과 경계한 모든 곳과 그 주변 마을들
아스돗과 그 성읍과 주변 마을들
이집트 시내에 이르기까지 가사와 그 성읍과 주변 마을들 이다.
서쪽 경계는 큰 바다다.
48-60 산지에는
사밀, 얏딜, 소고
단나, 기럇산나(곧 드빌)
아납, 에스드모, 아님
고센, 홀론, 길로 등
열한 성읍과 그 주변 마을들
아랍, 두마, 에산
야님, 벳답부아, 아베가
훔다, 기럇아르바(곧 헤브론), 시올 등
아홉 성읍과 그 주변 마을들

마온, 갈멜, 십, 윳다
이스르엘, 욕드암, 사노아
가인, 기브아, 딤나 등
열 성읍과 그 주변 마을들
할훌, 벳술, 그돌
마아랏, 벳아놋, 엘드곤 등
여섯 성읍과 그 주변 마을들
기럇바알(곧 기럇여아림), 랍바 등
두 성읍과 그 주변 마을들이다.

61-62 광야에는
벳아라바, 밋딘, 스가가
닙산, 소금 성읍, 엔게디 등
여섯 성읍과 그 주변 마을들이다.

63 유다 자손은 예루살렘에 살고 있던 여부스 사람을 쫓아내
지 못했다. 여부스 사람은 그대로 남아서, 유다 자손과 함께
살았다. 오늘까지도 그들은 거기 예루살렘에 살고 있다.

요셉 지파가 받은 땅

16 1-3 요셉 자손이 제비 뽑아 받은 땅은, 여리고 근
처 요단 강에서 시작하여 여리고 샘 동쪽을 지나
북쪽으로 사막 산지를 통과해 베델에 이르고, 다시 베델(곧

루스)에서 아다롯에 있는 아렉 사람의 영토에 이른다. 거기
서 다시 서쪽으로 내려가 야블렛 사람의 영토와 아래쪽 벳
호론 지역과 게셀에 이르러 바다에서 끝난다.
4 이것이 요셉 자손, 곧 므낫세와 에브라임이 유산으로 받은
지역이다.

5-9 에브라임이 가문별로 받은 땅은 이러하다.
그들이 유산으로 받은 땅의 경계는, 동쪽으로 아다롯앗달에
서 위쪽 벳호론으로 이어져 서쪽으로 바다에 이른다. 그리
고 북쪽 믹므다에서 동쪽으로 돌아 다아낫실로에 이르고 계
속 동쪽으로 가서 야노아까지 이어진다. 경계는 다시 야노
아에서 아다롯과 나아라로 내려가고 여리고를 만나 요단 강
으로 나온다. 답부아에서 경계는 서쪽으로 가나 시내에 이
르러 바다에서 끝난다. 이것이 에브라임 지파가 가문별로
받은 유산이며, 므낫세의 유산 중에는 에브라임의 몫으로
구별된 모든 성읍과 그 주변 마을들도 포함된다.
10 그러나 그들은 게셀에 살고 있던 가나안 사람을 쫓아내지
않았다. 가나안 사람은 오늘까지 에브라임 자손 가운데 살
면서 강제노역을 하고 있다.

17

1-2 요셉의 맏아들 므낫세 자손이 제비 뽑아 받은 땅은 이러하다. (므낫세의 맏아들이요 길르앗의 아버지인 마길은 뛰어난 용사였으므로 길르앗과 바산을 이미 받았다.) 그래서 나머지 제비 뽑은 땅은 나머지 므낫세 자손과 그 가문들, 곧 아비에셀, 헬렉, 아스리엘, 세겜, 헤벨, 스미다 가문들에게 돌아갔다. 이들은 요셉의 아들 므낫세의 남자 후손으로, 각기 가문을 이룬 이들이다.
3-4 므낫세의 아들 마길은 길르앗을 낳고 길르앗은 헤벨을 낳고 헤벨은 슬로브핫을 낳았는데, 슬로브핫에게는 아들이 없고 딸만 있었다. 그 딸들의 이름은 말라, 노아, 호글라, 밀가, 디르사다. 그들이 제사장 엘르아살과 눈의 아들 여호수아와 지도자들을 찾아가 말했다. "**하나님**께서 모세에게 명령하시기를, 우리의 남자 친척들과 함께 우리에게도 유산을 주라고 하셨습니다." 여호수아는 **하나님**께서 명령하신 대로, 그들의 아버지의 형제들과 함께 그들에게 유산을 주었다.
5-6 므낫세의 딸들이 아들들과 함께 유산을 받았으므로, 므낫세의 유산은 요단 강 건너편의 길르앗과 바산 땅 외에도 열 몫이 되었다. 길르앗 땅은 나머지 므낫세 자손의 몫이 되었다.
7-10 므낫세의 경계는 아셀에서 시작하여 세겜 맞은편의 믹므닷에 이르고, 거기서 남쪽으로 내려가 엔답부아 주민이 사는 곳에 이른다. (답부아 땅은 므낫세의 소유지만 므낫세 경계

에 있는 답부아는 에브라임 지파의 소유다.) 경계는 계속 남쪽으로 이어져 가나 시내에 이른다. (그곳 성읍들은 므낫세의 성읍들 가운데 있지만 에브라임의 소유다.) 므낫세의 경계는 시내 북쪽으로 뻗어 바다에서 끝난다. 남쪽 땅은 에브라임의 소유고, 북쪽 땅은 므낫세의 소유며, 서쪽 경계는 바다다. 그 땅은 북쪽으로는 아셀, 동쪽으로는 잇사갈과 맞닿아 있다.
11 잇사갈과 아셀 안에도 므낫세의 소유가 있었는데, 벳산과 이블르암 그리고 도르와 엔돌과 다아낙과 므깃도 백성과 그들의 마을들이다. 그 목록에서 세 번째는 나봇이다.
12-13 므낫세 자손은 그 성읍들을 끝내 점령하지 못했다. 가나안 사람이 꼼짝도 하지 않았기 때문이다. 나중에 이스라엘이 더 강해지자 그들은 가나안 사람에게 강제노역을 시켰다. 그러나 그들을 쫓아내지는 않았다.

14 요셉 자손이 여호수아에게 말했다. "어찌하여 우리에게 한 몫만 주셨습니까? 우리는 수가 많고 점점 더 불어나고 있습니다. **하나님**께서 우리에게 넘치도록 복을 주셨기 때문입니다."
15 여호수아가 대답했다. "여러분의 수가 아주 많아져서 에브라임 산지가 너무 좁다고 하니, 브리스 사람과 르바임 사람의 땅인 삼림지대로 올라가서 그곳을 여러분의 힘으로 개간하십시오."

16 그러자 요셉 자손이 말했다. "산지만으로는 우리에게 부
족합니다. 게다가 아래 평지에 사는 가나안 사람은, 벳산과
그 주변 마을 사람들이든 이스르엘 골짜기에 사는 사람들이
든 다 철제 전차를 가지고 있습니다."
17-18 여호수아가 요셉 지파에게(에브라임과 므낫세에게) 말
했다. "그렇습니다. 여러분은 수가 많고 아주 강해서 한 몫
으로는 부족합니다. 그러니 그 산지까지 차지하십시오. 지
금은 나무밖에 없는 땅이지만, 여러분이 그 땅을 개간하여
이 끝에서 저 끝까지 여러분의 것으로 삼으면 됩니다. 가나
안 사람이 강하고 철제 전차까지 가지고 있다 하더라도, 여
러분을 당해 내지는 못할 것입니다."

나머지 땅의 분할

18

1-2 그 후에 이스라엘 백성 온 회중이 실로에 모
여서, 그곳에 회막을 세웠다.
그들이 그 땅을 점령했지만 아직 이스라엘 가운데 일곱 지
파가 유산을 받지 못했다.
3-5 여호수아가 이스라엘 백성에게 말했다. "여러분이 언제
까지 수수방관하며 **하나님** 여러분 조상의 하나님께서 여러
분에게 주신 땅을 차지하는 일을 미루고 있겠습니까? 각 지
파에서 세 사람씩 뽑으십시오. 내가 그들에게 일을 맡기겠
습니다. 그들은 땅을 살피고 각 지파에게 돌아갈 유산을 지
도로 그려서 내게 보고할 것입니다. 그들이 땅을 일곱 부분

으로 나눌 것입니다. 유다는 남쪽 자신들의 영토에 머물고
요셉 자손은 북쪽 자신들의 자리를 지킬 것입니다.
6 여러분은 일곱 부분을 표시한 측량 지도를 책임지고 준비
해서 내게 가져오십시오. 그러면 내가 여러분을 위해 여기
우리 **하나님** 앞에서 제비를 뽑겠습니다.
7 그러나 레위 지파만은 여러분 가운데서 유산을 받지 못합
니다. **하나님**의 제사장직이 그들의 유산이기 때문입니다.
그리고 갓, 르우벤, 므낫세 반쪽 지파는 요단 강 동쪽에서
하나님의 종 모세가 그들에게 준 유산을 이미 받았습니다."
8 그 사람들이 길을 떠났다. 땅을 살피러 가는 그들에게 여
호수아가 이렇게 당부했다. "가서 땅을 살피고 지도를 그려
서 돌아오시오. 그러면 내가 여기 실로에서 여러분을 위해
하나님 앞에서 제비를 뽑을 것이오."
9 그들은 길을 떠났다. 그 땅을 두루 다니며 성읍별로 두루
마리에 지도를 그렸다. 그리고 실로의 진에 있는 여호수아
에게 보고했다.
10 여호수아는 실로에서 그들을 위해 **하나님** 앞에서 제비를
뽑았다. 그리고 지파에 따라 이스라엘 백성에게 땅을 나누
어 주었다.

베냐민 지파가 받은 땅

11 첫 번째로 베냐민 지파와 그 가문의 몫을 정하기 위해 제
비를 뽑았다. 그들이 받은 땅의 경계는 유다 자손과 요셉 자

손 사이였다.
12-13 북쪽 경계는 요단 강에서 시작하여 여리고 북쪽 등성이
로 해서 서쪽 산지로 계속 올라가다가 벳아웬 광야에 이르
렀다. 그 경계는 거기서 돌아서 루스를 지나 루스 남쪽 등성
이(곧 베델)에 이르고, 아다롯앗달에서 산을 따라 내려가 아
래 벳호론 남쪽에 닿았다.
14 거기서 경계는 서쪽으로 돌아 산에서 남쪽으로 꺾여 벳
호론 남쪽에 이르고, 유다 자손의 성읍인 기럇바알(곧 기럇
여아림)에서 끝났다. 이것이 서쪽 경계다.
15-19 남쪽 경계는 서쪽의 기럇여아림 끝에서 시작하여 넵도
아 샘물 근원에 이르기까지 서쪽으로 이어진다. 거기서 (르
바임 골짜기 북쪽과 맞닿아 있는) 벤힌놈 골짜기 맞은편 산기
슭으로 내려가고, 여부스 등성이 남쪽의 힌놈 골짜기로 내
려가서 엔로겔까지 이어졌다. 거기서 다시 북쪽으로 구부
러져 붉은 고갯길(아둠밈) 맞은편 엔세메스와 글릴롯에 이르
고, 르우벤의 아들 보한의 돌까지 내려가서 계속 벳아라바
북쪽으로 가다가 아라바로 가파르게 내려간다. 그리고 북쪽
으로 벳호글라 비탈을 따라가다가 요단 강 남쪽 끝인 소금
바다의 북쪽 만(灣)으로 나왔다. 이것이 남쪽 경계다.
20 동쪽 경계는 요단 강으로 이루어졌다.
이것이 베냐민 자손이 가문별로 받은 유산이며, 그 사방
경계가 이와 같았다.
21-28 베냐민 지파가 가문별로 받은 성읍들은 이러하다.

여리고, 벳호글라, 에멕그시스
벳아라바, 스마라임, 베델
아윔, 바라, 오브라
그발암모니, 오브니, 게바 등
열두 성읍과 그 주변 마을들
기브온, 라마, 브에롯
미스바, 그비라, 모사
레겜, 이르브엘, 다랄라
셀라, 엘렙, 여부스 사람의 성읍(곧 예루살렘), 기브아, 기럇여아림 등
열네 성읍과 그 주변 마을들이다.

이것이 베냐민 자손이 가문별로 받은 유산이다.

시므온 지파가 받은 땅

19 1-8 두 번째로 시므온과 그 가문의 몫을 정하기
위해 제비를 뽑았다. 그들이 유산으로 받은 땅은
유다의 영토 안에 있었다. 그들이 유산으로 받은 땅은 이러하다.

브엘세바(또는 세바), 몰라다
하살수알, 발라, 에셈
엘돌랏, 브둘, 호르마

시글락, 벳말가봇, 하살수사
벳르바옷, 사루헨 등
열세 성읍과 그 주변 마을들
아인, 림몬, 에델, 아산 등
네 성읍과 그 주변 마을들 그리고 네겝의 라마, 곧 바알랏브엘에 이르기까지 그 성읍들 주변에 있는 모든 마을들이다.

8-9 이것이 시므온 지파가 가문별로 받은 유산이다. 유다의 몫이 필요 이상으로 컸으므로, 그것을 시므온 지파와 나누었다. 이렇게 시므온 자손은 유다의 몫 안에서 자신들의 몫을 얻었다.

스불론 지파가 받은 땅

10-15 세 번째로 스불론의 몫을 정하기 위해 가문별로 제비를 뽑았다.
그들이 유산으로 받은 땅의 경계는 사릿까지 이르렀다. 서쪽으로는 마랄라에 이르러 답베셋과 만나고 거기서 욕느암 맞은편 시내에 닿았다. 사릿의 반대 방향인 동쪽의 경계는, 해 뜨는 곳을 따라 기슬롯다볼의 경계를 지나고 다브랏을 지나 야비아까지 이르렀다. 경계는 계속해서 동쪽으로 가드헤벨과 엣가신까지 갔다가 림몬에서 나와 네아 쪽으로 돌았고, 거기서 북쪽으로 돌아 한나돈에 이르러 입다엘 골짜기

로 빠졌다. 갓닷, 나할랄, 시므론, 이달라, 베들레헴 등 열두
성읍과 그 주변 마을들이 여기에 포함되었다.

16 이것이 스불론 자손이 가문별 유산으로 받은 성읍과 그
주변 마을들이다.

잇사갈 지파가 받은 땅

17-21 네 번째로 잇사갈의 몫을 정하기 위해 가문별로 제비를
뽑았다. 그들의 영토는 이러하다.

이스르엘, 그술롯, 수넴
하바라임, 시온, 아나하랏
랍빗, 기시온, 에베스
레멧, 언간님, 엔핫다, 벳바세스.

22 그 경계는 다볼, 사하수마, 벳세메스에 닿았고 요단 강에
서 끝났다. 모두 열여섯 성읍과 그 주변 마을들이다.
23 이것이 잇사갈 지파가 가문별 유산으로 받은 성읍과 그
주변 마을들이다.

아셀 지파가 받은 땅

24 다섯 번째로 아셀 지파의 몫을 정하기 위해 가문별로 제
비를 뽑았다.

25-30 그들의 영토에는 헬갓, 할리, 베덴, 악삽, 알람멜렉, 아
맛, 미살이 들어갔다. 서쪽 경계는 갈멜과 시홀림낫에 닿았
고, 거기서 동쪽 벳다곤 방향으로 돌아 스불론과 입다엘 골
짜기에 닿았으며, 가불을 왼쪽에 끼고 북쪽으로 올라가 벳
에멕과 느이엘에 이르렀다. 경계는 계속해서 에브론, 르홉,
함몬, 가나를 지나 큰 시돈에까지 이르렀다. 거기서 라마 쪽
으로 되돌아 요새화된 성읍인 두로까지 뻗었다가 호사 쪽으
로 돌아서 악십, 움마, 아벡, 르홉 지역의 바다로 나왔다. 모
두 스물두 성읍과 그 주변 마을들이다.

31 이것이 아셀 지파가 가문별 유산으로 받은 성읍과 그 주
변 마을들이다.

납달리 지파가 받은 땅

32 여섯 번째로 납달리와 그 가문의 몫을 정하기 위해 제비
를 뽑았다.
33 그들의 경계는 헬렙과 사아난님의 상수리나무에서 시작
하여 아다미네겝과 얍느엘을 지나 락굼에 이르고 요단 강에
서 끝났다.
34 경계는 아스놋다볼에서 서쪽으로 돌아가 훅곡으로 나왔
으며, 남쪽으로 스불론, 서쪽으로 아셀, 동쪽으로 요단 강과
만났다.
요새화된 성읍들은 이러하다.

35-38 싯딤, 세르, 함맛, 락갓, 긴네렛
아다마, 라마, 하솔
게데스, 에드레이, 엔하솔
이론, 믹다렐, 호렘, 벳아낫, 벳세메스 등
열아홉 성읍과 그 주변 마을들이다.

39 이것이 납달리 지파가 가문별 유산으로 받은 성읍과 그 주변 마을들이다.

단 지파가 받은 땅

40-46 일곱 번째로 단의 몫을 정하기 위해 제비를 뽑았다. 그들이 유산으로 받은 영토는 이러하다.

소라, 에스다올, 이르세메스
사알랍빈, 아얄론, 이들라
엘론, 딤나, 에그론
엘드게, 깁브돈, 바알랏
여훗, 브네브락, 가드림몬
메얄곤, 락곤, 욥바 맞은편 지역.

47 그러나 단 자손은 서쪽 사람(아모리 사람)을 쫓아내지 못했다. 서쪽 사람이 그들을 다시 산지로 몰아넣고 평지로 나오지 못하게 했기 때문에 그들이 지낼 공간이 좁았다. 그래

서 단 자손은 진격해 올라가 레셈을 쳤다. 그들은 레셈을 취
하여 그 주민들을 죽이고 그곳에 정착했다. 그리고 자신들
의 조상 단의 이름을 따라 레셈을 단이라고 불렀다.
48 이것이 단 지파가 가문별 유산으로 받은 성읍과 그 주변
마을들이다.

49-50 이스라엘 백성은 땅을 유산으로 나누어 주고 그 경계를
정하는 일을 마쳤다. 그 후에 그들은 눈의 아들 여호수아에게
자신들의 유산 일부를 주었다. 그들은 **하나님**의 말씀에 순종
하여, 그가 요구한 성읍인 에브라임 산지의 딤낫세라를 그에
게 주었다. 여호수아는 성읍을 재건하고 그곳에 정착했다.
51 이것이 제사장 엘르아살과 눈의 아들 여호수아와 조상 때
부터 이어져 온 지도자들이 실로의 회막 문 **하나님** 앞에서
이스라엘 지파들에게 제비 뽑아 나누어 준 유산이다. 그들
은 땅을 분배하는 일을 마쳤다.

도피성

20 1-3 그때 **하나님**께서 여호수아에게 말씀하셨다.
"이스라엘 백성에게 말하여라. 내가 모세를 통
해 너희에게 지시한 대로 도피성을 지정하여, 누구든지 실
수로—뜻하지 않게—사람을 죽인 자가 피의 보복자를 피하
여 안전한 피난처인 그곳으로 피신할 수 있게 하여라.

4 피할 곳을 찾아 이 성읍들 가운데 한 곳으로 피하려는 사
람은, 성문 입구에 서서 성읍의 지도자들에게 자신이 저지
른 일을 털어놓아야 한다. 그러면 지도자들은 그를 성읍 안
으로 받아들이고 그에게 살 곳을 주어 더불어 살 수 있게 해
야 한다.
5-6 피의 보복자가 그를 뒤쫓아 와도 그를 내주어서는 안된
다. 그는 사람을 죽일 의도가 없었고 악감정을 품은 적이
없기 때문이다. 그는 회중 앞에서 재판을 받을 때까지, 그
리고 현재의 대제사장이 죽을 때까지 그 성읍에 머물러 지
낸 뒤에야 자기가 도망쳐 나온 자기 고향 집으로 돌아갈 수
있다."
7 그들은 납달리 산지에 있는 갈릴리의 게데스와 에브라임
산지에 있는 세겜과 유다 산지에 있는 기럇아르바(곧 헤브
론)를 구별하여 지정했다.
8-9 여리고 동쪽 요단 강 건너편에서는 르우벤 지파 중에서
사막 고원에 있는 베셀, 갓 지파 중에서 길르앗의 라못, 므
낫세 지파 중에서 바산의 골란을 지정했다. 이것은 이스라
엘 백성과 그들과 함께 사는 외국인을 위해 지정된 성읍들
로, 누구든지 뜻하지 않게 사람을 죽인 사람이 그곳으로 도
망하여, 회중 앞에서 공정한 재판을 받기도 전에 피의 보복
자의 손에 죽지 않게 하기 위해서였다.

레위 지파의 성읍

21
[1-2] 레위 지파의 지도자들이 제사장 엘르아살과
눈의 아들 여호수아와 이스라엘 백성의 다른 지
파 지도자들을 찾아왔다. 이것은 가나안 땅 실로에서 있었
던 일이다. 그들이 말했다. "**하나님**께서 모세를 통해 명령
하시기를, 우리가 머물러 살 성읍들과 우리 가축들을 먹일
목초지의 사용 권한을 우리에게 주라고 하셨습니다."
3 이스라엘 백성은 **하나님**께서 명령하신 대로, 자신들이 받
은 유산 중에서 다음의 성읍과 목초지를 레위 지파에게 주
었다.
4-5 고핫 가문의 몫을 결정할 제비는 이렇게 뽑았다. 레위 지
파 중에서 제사장 아론의 자손에게는 유다, 시므온, 베냐민
지파로부터 제비를 뽑아 열세 성읍이 돌아갔다. 나머지 고
핫 자손에게는 에브라임, 단, 므낫세 반쪽 지파의 가문들로
부터 제비를 뽑아 열 성읍이 돌아갔다.
6 게르손 자손에게는 잇사갈, 아셀, 납달리, 바산의 므낫세
반쪽 지파 가문들로부터 제비를 뽑아 열세 성읍이 돌아갔다.
7 므라리 자손에게는 르우벤, 갓, 스불론 지파로부터 열두
성읍이 돌아갔다.
8 이렇게 이스라엘 백성은 **하나님**께서 모세를 통해 명령하
신 대로, 제비를 뽑아 이 성읍들과 목초지를 레위인에게 주
었다.

9-10 그들이 유다, 시므온, 베냐민 지파로부터 받아 나누어
준 성읍들을 하나씩 살펴보면 이러하다(레위의 고핫 가문에
서 난 아론의 자손이 첫 번째로 제비 뽑혔으므로, 이 성읍들이 그
들의 차지가 되었다).
11-12 유다 산지의 기럇아르바(아르바는 아낙의 조상이다), 곧
헤브론과 그 주변 목초지를 얻게 되었다. 그러나 이전에 여
분네의 아들 갈렙에게 준 성읍의 밭과 넓은 땅은 그의 소유
로 남았다.
13-16 유다와 시므온 지파는 제사장 아론의 자손에게, (유죄
판결을 받지 않은 살인자들을 위한 도피성인) 헤브론과 립나,
얏딜, 에스드모아, 홀론, 드빌, 아인, 윳다, 벳세메스 아홉
성읍과 거기에 딸린 모든 목초지를 주었다.
17-18 베냐민 지파에서는 기브온, 게바, 아나돗, 알몬 네 성읍
과 거기에 딸린 목초지를 주었다.
19 이렇게 모두 열세 성읍과 거기에 딸린 목초지가 아론의
자손 제사장들에게 돌아갔다.

20-22 레위 지파의 나머지 고핫 가문에게는 에브라임 지파에
게서 제비를 뽑아 받은 성읍들을 나누어 주었다. 유죄 판결
을 받지 않은 살인자를 위한 도피성인 에브라임 산지의 세겜
과 게셀, 깁사임, 벳호론 네 성읍과 거기에 딸린 목초지였다.
23-24 단 지파에서는 엘드게, 깁브돈, 아얄론, 가드림몬 네 성
읍과 거기에 딸린 목초지를 주었다.

25 므낫세 반쪽 지파에서는 다아낙, 가드림몬 두 성읍과 거
기에 딸린 목초지를 주었다.
26 이렇게 모두 열 성읍과 거기에 딸린 목초지가 나머지 고
핫 가문에게 돌아갔다.

27 레위 지파의 게르손 가문에게는 므낫세 반쪽 지파에서 유
죄 판결을 받지 않은 살인자를 위한 도피성인 바산의 골란
과 브에스드라 두 성읍과 거기에 딸린 목초지를 주었다.
28-29 잇사갈 지파에서는 기시온, 다브랏, 야르뭇, 언간님 네
성읍과 거기에 딸린 목초지를 주었다.
30-31 아셀 지파에서는 미살, 압돈, 헬갓, 르홉 네 성읍과 거
기에 딸린 목초지를 주었다.
32 납달리 지파에서는 유죄 판결을 받지 않은 살인자를 위한
도피성인 갈릴리의 게데스와 함못돌, 가르단 세 성읍과 거
기에 딸린 목초지를 주었다.
33 이렇게 모두 열세 성읍과 거기에 딸린 목초지가 게르손
자손과 그 가문에게 돌아갔다.

34-35 나머지 레위 지파인 므라리 가문에게는 스불론 지파에
서 욕느암, 가르다, 딤나, 나할랄 네 성읍과 거기에 딸린 목
초지를 주었다.
36-37 르우벤 지파에서는 베셀, 야하스, 그데못, 므바앗 네 성
읍과 거기에 딸린 목초지를 주었다.

38-39 갓 지파에서는 유죄 판결을 받지 않은 살인자를 위한
도피성인 길르앗의 라못과 마하나임, 헤스본, 야스엘 모두
네 성읍과 거기에 딸린 목초지를 주었다.
40 이렇게 그들은 이 모든 성읍, 곧 열두 성읍을 나머지 레위
지파인 므라리 자손에게 제비를 뽑아 나누어 주었다.

41-42 레위 지파는 이스라엘 백성의 영토 안의 마흔여덟 성읍
과 거기에 딸린 목초지를 갖게 되었다. 이들 각 성읍은 목초
지로 둘러싸여 있었다. 받은 모든 성읍이 그러했다.

43-44 이와 같이 **하나님**께서는 그들의 조상에게 주시기로 엄
숙히 맹세하신 모든 땅을 이스라엘에게 주셨다. 그들은 그
땅을 차지하여 거기에 자리 잡고 살았다. **하나님**께서는 그들
의 조상에게 엄숙히 맹세하신 대로, 사방에 쉼을 주셨다. 그
들의 원수들 가운데 어느 누구도 그들에게 맞서지 못했다.
하나님께서 모든 원수를 그들에게 넘겨주셨기 때문이다.
45 **하나님**께서 이스라엘 집에 주신 모든 선한 말씀 가운데
단 한 마디도 이루어지지 않은 것이 없었다. 모든 것이 그대
로 되었다.

22

1-5 그때에 여호수아가 르우벤 지파, 갓 지파, 므
낫세 반쪽 지파를 불러모아 말했다. "여러분은
하나님의 종 모세가 여러분에게 명령한 일을 모두 행했고,
내가 여러분에게 명령한 일도 순종하는 마음으로 모두 행했
습니다. 그동안 여러분은 여러분의 형제들을 버리지 않았
고, **하나님** 여러분의 하나님께서 여러분에게 맡기신 일을
감당했습니다. 이제 **하나님** 여러분의 하나님께서 약속하신
대로 여러분의 형제들에게 쉼을 주셨으니, 여러분은 **하나님**
의 종 모세가 요단 강 건너편에서 여러분에게 유산으로 준
여러분의 땅, 여러분의 집으로 돌아가도 좋습니다. 다만, **하**
나님의 종 모세가 여러분에게 맡긴 계명과 계시를 주의하여
지키십시오. **하나님** 여러분의 하나님을 사랑하고, 그분의
모든 길로 행하고, 그분의 명령을 지키고, 그분을 마음에 품
고, 여러분 안에 있는 모든 것과 여러분이 가지고 있는 모든
것으로 그분을 섬기십시오."
6-7 여호수아는 그들을 축복하고 떠나보냈다. 그들은 집으로
돌아갔다. (므낫세 반쪽 지파에게는 이미 바산에서 모세가 그들
의 몫을 나누어 주었다. 나머지 반쪽 지파에게는 여호수아가 요
단 강 서쪽에서 그들의 형제들과 함께 땅을 나누어 주었다.)
7-8 여호수아는 그들을 집으로 보내며 축복했다. "집으로 돌
아가십시오. 여러분은 부자가 되어, 많은 가축 떼와 금과 은
과 동과 철과 산더미 같은 옷을 가지고 집으로 갑니다. 여러
분이 원수들에게서 빼앗은 이 모든 전리품을 여러분의 친구

와 가족들과 함께 나누어 가지십시오!"

9 르우벤 지파와 갓 지파와 므낫세 반쪽 지파는 가나안 땅
실로에서 이스라엘 백성을 떠나, **하나님**께서 모세를 통해
주신 명령대로 그들이 차지한 땅 길르앗으로 돌아갔다.
10 그들은 가나안 땅과 맞닿은 요단 강가 글릴롯에 이르렀
다. 거기서 르우벤 지파와 갓 지파와 므낫세 반쪽 지파는 제
단을 쌓았다. 아주 큰 제단이었다!
11 이스라엘 백성이 그 소식을 들었다. "이게 무슨 일인가?
르우벤 지파와 갓 지파와 므낫세 반쪽 지파가 이스라엘 백
성 맞은편의 요단 강가 글릴롯에서 가나안 땅 쪽을 향해 제
단을 쌓았다!"
12-14 이스라엘 백성이 이 말을 듣고, 온 회중이 그들과 전쟁
을 하러 가려고 실로에 모였다. 그들은 제사장 엘르아살의
아들 비느하스를 르우벤 지파와 갓 지파와 므낫세 반쪽 지
파에게(곧 길르앗 땅으로) 보냈다. 각 지파에서 한 사람씩 보
낸 지도자 열 명도 함께 갔는데, 그들은 각각 조상 대대로
내려온 집안의 우두머리이자 이스라엘 각 군대의 대표였다.
15-18 그들은 르우벤 지파와 갓 지파와 므낫세 반쪽 지파에게
가서 말했다. "**하나님**의 온 회중이 알고 싶어 합니다. 여러
분은 어찌하여 이스라엘의 하나님께 죄를 지은 것입니까?
하나님을 등지고 여러분의 제단을 따로 쌓은 것은 드러내

놓고 **하나님**을 거역하는 행위입니다. 브올의 범죄가 우리에게 부족했습니까? **하나님**의 회중에게 닥친 재앙의 여파를 우리가 여태 안고 살고 있고, 오늘까지도 그 죄에서 벗어나지 못했습니다! 여러분이 한 일을 보십시오. **하나님**께 등을 돌렸습니다! 오늘 여러분이 **하나님**을 거역했으니, 내일 그분께서 우리 모두에게, 이스라엘 온 회중에게 진노를 발하실 것입니다.

19-20 여러분 소유의 땅이 충분히 거룩하지 못하여 어딘가 더럽다고 생각되거든, **하나님**의 성막이 세워진 **하나님**의 소유지로 건너와 거기서 여러분의 땅을 취하십시오. 그러나 **하나님**을 거역하는 일만은 안됩니다. 또한 우리 **하나님**의 제단 외에 여러분의 제단을 따로 쌓아 우리를 거역해서도 안 됩니다. 세라의 아들 아간이 거룩한 저주를 어겼을 때 이스라엘 온 회중 위에 진노가 임하지 않았습니까? 그 죄로 인해 죽은 사람이 아간 혼자가 아니었습니다."

21-22 르우벤 지파와 갓 지파와 므낫세 반쪽 지파가 이스라엘 지파들의 지도자들에게 대답했다.

> **하나님**은 모든 신 중의 신이십니다.
> **하나님**은 모든 신 중의 신이십니다!

22-23 "이 일이 그분을 거역하는 반역인지 아닌지는 **하나님**께서 아시며, 그분이 이스라엘에게도 그 사실을 알게 하실 것

입니다. 만일 이것이 반역이라면 우리를 살려 두지 마십시
오. 만일 우리가 **하나님**을 거역하여 따로 제단을 쌓고 그 단
위에 번제물이나 곡식 제물이나 희생의 화목 제물을 바치려
한 것이라면, **하나님**께서 친히 판단하실 것입니다.
24-25 하지만 그렇지 않습니다. 우리는 걱정이 되어서 제단
을 쌓았습니다. 언젠가 여러분의 자손이 우리 자손에게 '당
신들은 **하나님** 이스라엘의 하나님과 상관이 없습니다! **하
나님**께서 우리와 당신들 사이에 요단 강을 경계로 삼으셨으
니, 당신들 르우벤 지파와 갓 지파는 **하나님**과 아무런 관계
가 없습니다' 하고 말할까 봐 염려했던 것입니다. 그렇게 되
면 여러분의 자손이 우리 자손에게 **하나님**을 예배하지 못하
게 할지도 모르지 않습니까.
26 그래서 우리가 의논했습니다. '뭔가 방법을 강구하자. 제
단을 쌓자. 그러나 번제물이나 희생 제물을 바치기 위한 것
은 아니다' 하고 말입니다.
27 우리는 우리와 여러분과 우리 뒤에 올 자손 사이의 증거
물로 이 제단을 쌓았습니다. 우리가 **하나님**의 거룩한 성막
에서 번제물과 희생 제물과 화목 제물로 **하나님**을 예배하는
그 제단을 가리키는 증거물로 말입니다.
이렇게 하면, 앞으로 여러분의 자손이 우리 자손에게 '당신
들은 하나님과 아무런 관계가 없습니다' 하고 말하지 못할
것입니다.
28 우리가 말한 대로, 앞으로 누구든지 우리나 우리 자손을

얕잡아 말한다면, 우리는 '우리 조상들이 **하나님**의 제단을
본떠서 만든 이 제단을 보시오. 이것은 번제물이나 희생 제
물을 바치기 위한 것이 아니라, 우리와 당신들을 이어 주는
증거물일 뿐입니다' 하고 말할 것입니다.
29 우리는 **하나님**을 거역하거나 배반하려는 생각이 전혀 없
습니다. 우리 **하나님**의 거룩한 성막 앞에 있는 **하나님**의 제
단에 맞서기 위해 번제물이나 곡식 제물을 위한 제단을 따
로 쌓을 생각은 꿈에도 없습니다."
30 제사장 비느하스와 그와 함께한 회중의 모든 지도자들 곧
이스라엘 각 군대의 우두머리들은, 르우벤 지파와 갓 지파
와 므낫세 반쪽 지파가 하는 말을 듣고 만족해 했다.
31 엘르아살의 아들 제사장 비느하스가 르우벤 자손과 갓 자
손과 므낫세 자손에게 말했다. "여러분이 이 일로 **하나님**께
반역하지 않았으니, 이제 우리는 **하나님**께서 우리와 함께
계심을 확신합니다. 여러분은 이스라엘 백성을 **하나님**의 징
계에서 구한 것입니다."
32-33 그 후에 엘르아살의 아들 제사장 비느하스와 지도자들
은 (길르앗에 있는) 르우벤 지파와 갓 지파와 므낫세 반쪽 지
파를 떠나서, 가나안 땅 이스라엘 백성에게 돌아와 모든 것
을 자세히 보고했다. 이스라엘 백성은 그 보고를 듣고 기뻐
하며 하나님을 찬양했다. 르우벤 지파와 갓 지파가 살고 있
는 땅을 공격하여 멸하자는 말이 다시는 나오지 않았다.
34 르우벤 자손과 갓 자손은 그 제단에 이런 이름을 붙였다.

우리 사이의 증거물.
하나님 한분만이 하나님이시다.

여호수아의 마지막 당부

23 1-2 **하나님**께서 주변의 모든 원수들을 물리치시
고 이스라엘에게 쉼을 주신 후에, 오랜 세월이
흘러서 여호수아도 우러를 만한 노인이 되었다. 여호수아는
온 이스라엘, 곧 장로와 지도자와 재판관과 관리들을 모두
불러 모아 말했다.
2-3 "이제 나는 늙었고, 살 만큼 살았습니다. 여러분은 **하나
님**께서 여러분을 위해 이 모든 나라에 행하신 일을 보았습
니다. 그분은 **하나님** 여러분의 하나님이시기에 그렇게 하셨
습니다. 여러분을 위해 싸우신 것입니다.
4-5 보십시오. 요단 강에서부터 서쪽 큰 바다까지 남아 있는
이 나라들을 이미 정복한 나라들과 함께 내가 여러분 지파들
의 유산으로 제비 뽑아 나누어 주었습니다. **하나님** 여러분의
하나님께서는 그들이 하나도 남지 않을 때까지 그들을 여러
분 앞에서 쫓아내실 것이고, 여러분은 **하나님** 여러분의 하나
님께서 약속하신 대로 그들의 땅을 차지하게 될 것입니다.
6-8 이제 여러분은 변함없이 강하고 흔들리지 마십시오. 모
세의 계시의 책에 기록된 모든 것을 순종하는 마음으로 행
하십시오. 작은 것 하나라도 빠뜨리지 마십시오. 아직 주변
에 남아 있는 나라들과 섞이는 일이 없게 하십시오. 그 신들

의 이름을 입에 올리거나 그 이름으로 맹세하지도 마십시
오. 절대로 그 신들을 예배하거나 그것들에게 기도해서는
안됩니다. 지금까지 여러분이 해온 것처럼, **하나님** 여러분
의 하나님만을 꼭 붙드십시오.
9-10 **하나님**께서 여러분 앞에서 크고 강한 나라들을 쫓아내
셨습니다. 지금까지 아무도 여러분에게 능히 맞설 수 없었
습니다. 생각해 보십시오. 여러분 가운데 한 사람이 혼자서
천 명을 쫓아낸 것입니다! 그것은 하나님께서 **하나님** 여러
분의 하나님이시기 때문입니다. 약속하신 대로, 그분께서
여러분을 위해 싸우셨기 때문입니다.
11-13 이제 여러분은 깨어서 정신을 바짝 차리십시오. **하나님**
여러분의 하나님을 사랑하십시오. 만일 여러분이 빗나가서
아직 여러분 가운데 남아 있는 이 민족들과 어울리면(그들과
결혼하고 다른 거래관계를 맺으면), **하나님** 여러분의 하나님
께서 여러분을 위해 이 민족들을 몰아내지 않으실 것이라는
사실을 분명히 아십시오. 그들은 여러분에게 괴로움이 될
것입니다. 여러분 등에 내리치는 채찍이 되며, 여러분 눈을
파고드는 모래알이 될 것입니다. 결국 **하나님** 여러분의 하
나님께서 여러분에게 주신 이 좋은 땅에서 쫓겨날 자는, 바
로 여러분이 되고 말 것입니다.
14 보다시피, 이제 나는 모든 사람이 가는 길로 가야 합니다.
하나님 여러분의 하나님께서 여러분에게 약속하신 모든 선
한 일이, 작은 것 하나까지도 다 이루어진 것을 여러분은 온

마음을 다해 알아야 합니다. 모든 것이 그대로 되었습니다.
어느 한 말씀도 이루어지지 않은 것이 없습니다.
15-16 그러나 **하나님** 여러분의 하나님께서는, 약속하신 모든
좋은 일을 확실하게 이루신 것같이, 또한 모든 나쁜 일도 일
어나게 하십니다. 여러분에게 주신 이 좋은 땅에서 여러분
가운데 아무도 남지 않게 하실 수도 있습니다. 여러분이 **하
나님** 여러분의 하나님께서 명령하신 그분의 언약의 길을 떠
나 다른 신들을 섬기고 예배하면, **하나님**의 진노가 여러분
을 향해 타오를 것입니다. 그러면 순식간에 여러분은 하나
도 남지 않게 되고, 그분께서 주신 이 좋은 땅에는, 여러분
이 머물던 흔적까지도 모두 사라지게 될 것입니다."

세겜에서 언약을 맺다

24 1-2 여호수아가 이스라엘의 모든 지파를 세겜에
모이게 하고, 장로와 지도자와 재판관과 관리들
을 불렀다. 그들이 하나님 앞에 나오자, 여호수아가 온 백성
에게 말했다.
2-6 "**하나님** 이스라엘의 하나님께서 이같이 말씀하십니다.
'먼 옛날에 너희 조상, 곧 데라와 그의 아들 아브라함과 나
홀은 유프라테스 강 동쪽에 살면서 다른 신들을 예배했다.
그러나 내가 너희 조상 아브라함을 강 건너편에서 이끌어
내어, 그를 가나안 땅 전역을 누비게 했고 그의 후손이 많아
지게 했다. 내가 그에게 이삭을 주었고, 또 이삭에게는 야곱

과 에서를 주었다. 에서는 내가 세일 산지에 살게 했으나, 야곱과 그의 아들들은 이집트로 가게 했다. 나는 모세와 아론을 보내어 여러 재앙으로 이집트를 쳐서, 너희를 거기서 인도해 냈다. 너희 조상을 이집트에서 이끌어 낸 것이다. 너희는 바다에 이르렀고, 이집트 사람들은 전차와 기병을 거느리고 홍해 물가까지 맹렬히 추격해 왔다!

7-10 그때 너희 조상은 나 **하나님**에게 도와 달라고 부르짖었다. 나는 너희와 이집트 사람들 사이에 구름을 두었고, 바닷물을 그들에게 풀어 놓아 그들을 삼켜 버렸다.

너희는 내가 이집트에 행한 모든 일을 너희 눈으로 직접 보았다. 그 후에 너희는 오랫동안 광야에서 지냈다. 내가 너희를 요단 강 동쪽에 사는 아모리 사람의 땅으로 인도하자, 그들이 너희와 싸웠다. 그러나 내가 너희를 위해 싸웠고 너희는 그들의 땅을 차지했다. 내가 너희를 위해 그들을 멸망시켰다. 그때 십볼의 아들 발락이 나타났다. 그는 모압 왕이었다. 그는 이스라엘과 싸울 작정으로 브올의 아들 발람을 불러다가 너희를 저주하게 하려고 했다. 그러나 나는 발람의 말에 귀를 기울이지 않았고, 오히려 그는 몇 번씩이나 너희를 축복했다! 내가 너희를 그에게서 구한 것이다.

11 그 후에 너희는 요단 강을 건너 여리고로 왔다. 여리고 지도자들뿐 아니라 아모리 사람, 브리스 사람, 가나안 사람, 헷 사람, 기르가스 사람, 히위 사람, 여부스 사람이 힘을 합쳐 너희를 공격했으나, 내가 그들을 너희에게 넘겨주었다.

12 내가 너희 앞서 말벌을 보내어, 아모리 사람의 두 왕을 몰
아냈다. 너희가 할 일을 대신해 주었다. 너희는 아무것도 할
필요가 없었다. 손가락 하나 움직일 필요가 없었다.
13 너희가 수고하지 않은 땅, 너희가 짓지 않은 성읍들을 내
가 너희에게 넘겨주었다. 그래서 지금 이렇게 이 성읍들에
살면서, 너희가 심지 않은 포도원과 올리브 과수원에서 난
열매를 먹고 있는 것이다.'
14 그러니, 이제 **하나님**을 경외하십시오. 온 마음과 뜻을 다
해 그분을 예배하십시오. 여러분의 조상들이 유프라테스 강
건너편과 이집트에서 숭배하던 신들을 없애 버리십시오. 여
러분은 **하나님**을 예배하십시오.
15 여러분 생각에 **하나님**을 예배하는 것이 좋지 않다면, 여
러분이 대신 섬길 신을 선택하십시오. 오늘 선택하십시오.
여러분의 조상들이 강 건너편 땅에서 예배하던 신들 가운데
하나를 택하든지, 아니면 여러분이 지금 살고 있는 땅 아모
리 사람의 신들 가운데 하나를 택하십시오. 그러나 나와 내
가족은 **하나님**을 예배할 것입니다."
16 백성이 대답했다. "우리는 **하나님**을 버리지 않겠습니다!
우리는 절대로 **하나님**을 버리고 다른 신들을 예배하지 않겠
습니다.
17-18 **하나님**이 우리 하나님이십니다! 그분께서 우리 조상
을 이집트의 종살이에서 이끌어 내셨습니다. 그분은 그 모
든 위대한 기적을 우리가 보는 앞에서 행하셨습니다. 우리

가 수없이 많은 길을 지나고 여러 나라를 통과하는 동안,
그분은 한순간도 우리에게서 눈을 떼지 않으셨습니다. 바
로 우리를 위해 그분은 모든 민족, 곧 이 땅에 살던 아모리
사람과 모든 사람을 쫓아내셨습니다.
우리도 함께하겠습니다. 우리도 **하나님**을 예배하겠습니다.
그분만이 우리의 하나님이십니다."

19-20 여호수아가 백성에게 말했다. "아닙니다. 여러분은 **하
나님**을 예배하지 못할 것입니다. 그분은 거룩하신 하나님이
며 질투하시는 하나님이십니다. 그분은 여러분이 돌아다니
며 죄짓는 것을 참지 않으실 것입니다. 여러분이 **하나님**을
떠나 다른 나라의 신들을 예배하면, 그분이 곧바로 돌이켜
서 여러분을 크게 벌하실 것입니다. 여러분에게 그 모든 선
을 베푸셨지만, 결국 여러분을 끝장내실 것입니다!"
21 그러자 백성이 여호수아에게 말했다. "아닙니다! 우리가
하나님을 예배하겠습니다!"
22 여호수아가 백성에게 말했다. "여러분이 **하나님**을 선택
하고 그분을 예배하기로 한 것에 대해 여러분 자신이 증인
입니다."
그들이 말했다. "우리가 증인입니다."
23 여호수아가 말했다. "이제 여러분이 가지고 있는 모든 이
방 신들을 없애 버리십시오. **하나님** 이스라엘의 하나님께
온 마음을 드리십시오."

24 백성이 여호수아에게 대답했다. "우리가 **하나님**을 예배
하겠습니다. 그분이 말씀하시는 대로 행하겠습니다."
25-26 그날 여호수아가 그곳 세겜에서 백성을 위해 언약을 맺
고, 공식적으로 그것을 자세히 기록했다. 여호수아는 모든
지침과 규정을 하나님의 계시의 책에 자세히 적었다. 그리
고 큰 돌을 가져다가 **하나님**의 성소 곁에 있는 상수리나무
아래에 세웠다.
27 여호수아가 온 백성에게 말했다. "이 돌이 우리의 증거입
니다. **하나님**께서 우리에게 하신 모든 말씀을 이 돌이 들었
습니다. 여러분이 하나님을 배반하지 못하도록, 이 돌이 여
러분에게 변치 않는 증거가 될 것입니다."
28 그 후에 여호수아는 백성을 각자 유산으로 받은 땅으로
돌려보냈다.

29-30 이 모든 일이 있은 후에, **하나님**의 종 눈의 아들 여호수
아가 백열 살의 나이로 죽었다. 사람들은 그가 유산으로 받
은 땅인 가아스 산 북쪽 에브라임 산지의 딤낫세라에 그를
묻었다.
31 **하나님**께서 이스라엘을 위해 행하신 모든 일을 직접 겪은
여호수아와 그보다 나중까지 산 장로들이 살아 있는 동안
에, 이스라엘은 **하나님**을 섬겼다.
32 이스라엘 백성은 이집트에서 가지고 나온 요셉의 유골을

세겜, 곧 야곱이 (세겜의 아버지인) 하몰의 아들들에게서 산
땅에 묻었다. 야곱이 은화 백 개를 주고 산 그 땅은 요셉 가
문의 유산이 되었다.
33 아론의 아들 엘르아살도 죽었다. 사람들은 그를 그의 아
들 비느하스가 유산으로 받은 에브라임 산지의 기브아에 묻
었다.

섹스와 폭력, 강간과 학살, 잔인무도와 권모술수. 하나같이 구원 이야기를 전개하는 데 적합한 소재로 보이지 않는다. 하나님과 구원, 진정한 삶과 사랑 같은 성경의 중심 주제를 염두에 두고 성경을 펴는 독자들은, 응당 성경에서 우리 모두에게 모범이 될 만한 선하고 고귀하며 존경스러운 지도자들의 모습을 보게 되기를 기대한다. 그렇기에, 사사기의 각 장마다 홍수처럼 쏟아져 나오는 적나라한 폭력행위들은 가히 충격적이지 않을 수 없다. "이스라엘 백성이 **하나님** 보시기에 악을 행했다"(삿 2:11, 3:12, 4:1, 6:1, 10:6, 13:1)는 문장이 여러 장에 걸쳐 반복해서 나온다.

사사기가 그 흠 많고 불량한 지도자들을 부정적인 본보기로 제시하고 그런 형편없는 삶에 따르는 섬뜩한 벌을 지옥불 운운하며 묘사하는 이야기였다면, 그다지 우리 비위에 거슬리지 않았을 것이다. 그런데 이 이야기는 전혀 그런 식이 아니다. 화자(話者)는 심드렁한 어조로 이야기를 펼쳐 가는데, 마치 하나님께서 이런 식으로 말씀하시는 것 같다. "좋다. 그게 너희가 내놓을 수 있는 최선이라면, 나는 그런 너희의 모습을 있는 그대로 사용해 내 구원 이야기를 전개시켜 가겠다." 이들은 그 이야기 속에서 자리를 찾아가면서 어느 정도의 명예를 부여받기까지 한다. 분명, 이 이야기는 그들을 비난의 대상이나 조롱거리로 다루지 않는다.

그렇다. 하나님이 하시는 선한 일에 반드시 선한 사람이 필요한 것은 아니다. 그분은 우리가 도덕적·영적으로 어떤 상태에 있든 우리를 사용해 일하실 수 있고, 또 그렇게 일하신다. 때로는 그분의 가장 선한 일을 이루는 데 가장 부적합해 보이는 자들을 사용하시기도 한다. 그런 지도자들(사사들)까지도 영광스러운 결론을 향해 달려가는 이야기의 의미 있는 일부로 포함시키는 하나님이시라면, 분명 우리 같은 사람들, 구제불능인 것처럼 보이는 우리의 친구와 이웃도 그렇게 사용하실 수 있을 것이다.

사사기에 두 번(17:6과 21:25) 등장하는 인상적인 반복구가 있다. "그때에는 이스라엘에 왕이 없었다. 사람들은 무엇이든 자기 마음에 원하는 대로 행했다." 그러나 사사기를 읽는 우리는, 사실 이스라엘에 왕이 있었음을 안다. 바로, 하나님께서 왕이셨다. 지상의 왕이 없던, 그래서 도덕적·정치적으로 무정부 상태였던 그 시절에도 주권자 하나님이 계셨고, 그분이 다스리시는 나라가 엄연한 현실로 존재했다.

사사기

1
[1] 여호수아가 죽은 후에, 이스라엘 백성이 **하나님**께
여쭈었다. "어느 지파가 앞장서 올라가서 가나안 사
람과 싸워야 하겠습니까?"
[2] **하나님**께서 말씀하셨다. "유다 지파가 올라가거라. 내가
그 땅을 그들의 손에 넘겨주었다."
[3] 유다 지파 사람들이 형제인 시므온 지파 사람들에게 제안
했다. "우리와 함께 우리 땅에 올라가서 가나안 사람과 싸우
자. 그러면 우리도 너희와 함께 너희 땅에 가겠다." 그리하
여 시므온 지파가 유다 지파와 함께 갔다.
[4] 유다 지파가 올라가자, **하나님**께서 가나안 사람과 브리스
사람을 그들의 손에 넘겨주셨다. 그들은 베섹에서 열 개의
부대를 물리쳤다!

5-7 그곳 베섹에서 그들은 아도니(나의 주)베섹을 쫓아가 그
와 싸웠다. 그리고 가나안 사람과 브리스 사람을 쳐부수었
다. 그들이 도망치는 아도니베섹을 뒤쫓아가서 사로잡아,
그의 엄지손가락과 엄지발가락을 잘라 버렸다. 아도니베섹
은 "내가 전에 일흔 명의 왕들의 엄지손가락과 엄지발가락
을 자르고 나서 내 식탁 밑을 기어 다니며 부스러기를 주워
먹게 했는데, 내가 그들에게 한 대로 하나님께서 내게 갚으
시는구나" 하고 말했다.
유다 지파 사람들이 그를 예루살렘으로 끌고 가니, 그가 거
기서 죽었다.

8-10 유다 백성이 예루살렘을 공격해 함락시키고, 칼로 그 성
을 정복하고 불살랐다. 그 후에 그들은 산지와 네겝, 작은
언덕으로 내려가서, 거기 살고 있는 가나안 사람과 싸웠다.
유다는 헤브론(헤브론은 전에 기럇아르바라고 불리던 곳이다)
에 사는 가나안 사람에게까지 가서 세새, 아히만, 달매를 굴
복시켰다.
11-12 거기서 그들은 진격하여 드빌 주민을 쳤다(드빌은 전에
기럇세벨이라고 불리던 곳이다). 갈렙은 "누구든지 기럇세벨
을 공격하여 점령하는 사람에게는 내 딸 악사를 아내로 주
겠다"고 말했다.
13 갈렙의 동생 그나스의 아들 옷니엘이 그곳을 점령했다.

그래서 갈렙은 자기 딸 악사를 그에게 아내로 주었다.

14-15 악사가 도착해서 옷니엘을 시켜
자기 아버지에게 밭을 청하게 했다.
악사가 나귀에서 내리자 갈렙이 물었다.
"무엇을 원하느냐?"
악사가 대답했다. "제게 결혼 예물을 주십시오.
아버지께서 제게 사막의 땅을 주셨으니,
이제 샘물도 주십시오!"
그래서 갈렙은 윗샘과 아랫샘을 딸에게 주었다.

16 모세의 친척인 겐 사람 호밥의 자손이 유다 자손과 함께
종려나무 성읍으로부터 올라가 아랏 내리막에 있는 유다 광
야로 가서, 아말렉 사람과 함께 그곳에 정착했다.
17 유다 자손은 친족인 시므온 지파 사람들과 함께 가서 스
밧에 사는 가나안 사람을 쳤다. 그들은 거룩한 저주를 행하
고 그 성읍을 저주받은 성읍이라고 불렀다.
18-19 그러나 유다 자손은 가사, 아스글론, 에그론과 거기에
딸린 영토를 점령하지 않았다. **하나님**께서 분명히 유다 자
손과 함께 계셨으므로 그들은 산지를 점령할 수 있었다. 그
러나 평지에 사는 사람들에게 철제 전차가 있었기 때문에
그들을 쫓아내지 못했다.

20 유다 자손은 모세가 지시한 대로 갈렙에게 헤브론을 주었
다. 갈렙은 아낙의 세 아들을 쫓아냈다.
21 그러나 베냐민 자손은 예루살렘에 사는 여부스 사람을 쫓
아내지 못했다. 베냐민 자손과 여부스 사람은 오늘까지 예
루살렘에서 어깨를 맞대고 살고 있다.

22-26 요셉의 집안 역시 베델을 치러 올라갔다. **하나님**께서
그들과 함께하셨다. 요셉 집안이 정탐꾼들을 보내어 그곳을
정탐하게 했다. 베델은 루스라는 이름으로 알려져 있었다.
정탐꾼들이 때마침 그 성읍에서 나오는 사람을 보고 말했
다. "성읍으로 들어가는 길을 우리에게 일러 주시오. 우리
가 당신을 선대하겠소." 그 사람은 정탐꾼들에게 들어가는
길을 일러 주었다. 정탐꾼들은 그 사람과 그의 일가족만 빼
고 성읍 안에 있는 모든 사람을 죽였다. 그 사람은 헷 사람
의 땅으로 가서 그곳에 성읍을 세웠다. 그는 그곳을 루스라
고 불렀는데, 오늘까지 그 이름으로 남아 있다.

27-28 그러나 므낫세 지파는 벳산, 다아낙, 도르, 이블르암,
므깃도와 거기에 딸린 영토에 사는 주민을 끝내 쫓아내지
않았다. 가나안 사람이 완강히 버티며 꿈쩍도 하지 않았다.
이스라엘이 더 강해졌을 때에도 가나안 사람에게 강제노역
을 시켰을 뿐 그들을 몰아내지는 않았다.

29 에브라임 지파도 게셀에 사는 가나안 사람을 쫓아내지 못
했다. 가나안 사람은 완강히 버티며 그곳에서 그들과 함께
살았다.
30 스불론 지파도 기드론과 나할롤의 가나안 사람을 쫓아내
지 못했다. 그들은 계속해서 그곳에 살면서 강제노역을 해
야 했다.
31-32 아셀 지파도 악고, 시돈, 알랍, 악십, 헬바, 아벡, 르홉
사람을 쫓아내지 못했다. 아셀 지파는 가나안 사람을 몰아
낼 수 없었으므로 그들과 함께 정착했다.
33 납달리 지파도 크게 다르지 않았다. 그들은 벳세메스와 벳
아낫 사람을 쫓아내지 못하고 그들 가운데로 이주하여 그들
과 함께 살았다. 납달리 지파도 그들에게 강제노역을 시켰다.
34-35 아모리 사람은 단 자손을 산지로 몰아넣고 평지에 내려
오지 못하게 했다. 아모리 사람은 꿋꿋하게 헤레스 산, 아얄
론, 사알빔에 계속 살았다. 그러나 요셉의 집안이 더 강성해
지자 그들은 강제노역을 해야 했다.
36 아모리 사람의 경계는 전갈 고갯길과 셀라에서부터 그
위에까지 이르렀다.

2

1-2 **하나님**의 천사가 길갈에서 보김으로 올라와서 말
했다. "내가 너희를 이집트에서 이끌어 내어 너희
조상에게 약속한 땅으로 인도했다. 내가 너희에게 말하기

를 '나는 너희와 맺은 내 언약을 절대로 어기지 않을 것이
다. 그러니 너희는 이 땅에 사는 사람들과 절대로 언약을
맺어서는 안된다. 그들의 제단들을 허물어라!' 하고 말했
다. 그러나 너희는 내 말에 순종하지 않았다! 어찌 이럴 수
있느냐?
3 이제 내가 너희에게 말한다. 나는 그들을 너희 앞에서 쫓
아내지 않을 것이다. 그들이 너희를 걸려 넘어지게 하고 그
들의 신들은 너희에게 덫이 될 것이다."
4-5 **하나님**의 천사가 이스라엘 온 백성에게 이 말을 하자, 그
들이 큰소리로 울었다! 그들은 그곳을 보김(우는 사람들)이
라고 불렀다. 그리고 거기서 **하나님**께 제사를 드렸다.

6-9 여호수아가 이스라엘 백성을 해산시킨 뒤에, 그들은 각
각 자신들이 유산으로 받은 땅으로 가서 그 땅을 차지했다.
여호수아가 살아 있는 동안 그리고 그가 죽은 후에도, **하나
님**께서 이스라엘을 위해 행하신 모든 크신 일을 직접 경험
한 지도자들이 살아 있는 동안에는 백성이 하나님을 잘 섬
겼다. 그 후에 **하나님**의 종 눈의 아들 여호수아가 백열 살의
나이로 죽었다. 그들은 그가 유산으로 받은 땅인 가아스 산
북쪽 에브라임 산지의 딤낫헤레스에 그를 묻었다.
10 마침내 그 세대가 모두 죽어 땅에 묻혔다. 그 후에 **하나
님**을 알지 못하고 그분께서 이스라엘을 위해 행하신 일도

전혀 모르는 새로운 세대가 일어났다.

11-15 이스라엘 백성이 **하나님** 보시기에 악을 행했다. 그들은
바알 신들을 섬겼고, 자신들을 이집트에서 인도하여 내신
하나님 그들 조상의 하나님을 버렸다. 그들은 다른 신들, 주
변 민족들이 섬기는 신들과 어울렸고, 실제로 그 신들을 섬
겼다! 바알 신과 아스다롯 여신을 섬기는 것 때문에 그들이
하나님을 얼마나 노하시게 했는지 모른다! **하나님**께서는
이스라엘에게 불같이 진노하셨다. 그래서 그들을 약탈자들
의 손에 넘겨 약탈당하게 하셨고, 사방의 적들에게 헐값에
팔아넘기셨다. 그들은 적들 앞에서 무력했다. 그들이 문밖
으로 나갈 때마다 **하나님**께서 그들과 함께하셨지만, 그것은
하나님께서 말씀하시고 또 맹세하신 대로, 그들을 벌하시기
위해서였다. 그들의 상황이 몹시 위태했다.
16-17 그러나 **하나님**께서는 사사들을 일으키셔서 그들을 약
탈자의 손에서 구해 내셨다. 그런데도 그들은 사사들의 말
을 좀처럼 들으려 하지 않았다. 그들은 음란하게도 자신들
을 다른 신들에게 팔아 버렸다. 다른 신들을 예배한 것이다!
그들은 조상들이 **하나님**의 명령에 순종하며 걸어온 길을 순
식간에 떠나갔다. 그 길과 아예 관계를 끊어 버렸다.
18-19 **하나님**께서 그들을 위해 사사를 세우실 때면, 하나님께
서는 그 사사와 함께하셨다. 그 사사가 살아 있는 동안에는

원수들의 압제에서 이스라엘 백성을 구해 주셨다. 자신들을
괴롭히고 짓밟는 자들 때문에 신음하는 그들의 소리를 들으
시고, **하나님**께서 그들을 불쌍히 여기셨던 것이다. 그러나
사사가 죽고 나면 백성은 곧바로 옛날 방식으로 돌아가—
조상보다 더 악하게!—다른 신들을 좇고 섬기고 예배했다.
고집 센 노새처럼, 그들은 악한 행실을 놓으려 하지 않았다.
20-22 이스라엘을 향해 **하나님**의 진노가 불타올랐다. 그분께
서 말씀하셨다. "이 백성이 내가 그들의 조상에게 명령한 내
언약을 버리고 내 말을 듣지 않았으니, 나 또한 여호수아가
죽은 후에 남아 있는 민족들을 단 한 사람도 쫓아내지 않을
것이다. 내가 그들을 통해 이스라엘을 시험하고, 이스라엘
의 조상들처럼 그 자손들이 **하나님**의 길로 걸어가는지 지켜
볼 것이다."
23 그래서 **하나님**께서는 그 민족들을 남겨 두셨다. 그분은
그들을 쫓아내지 않으셨고, 여호수아가 그들을 몰아내게 하
지도 않으셨다.

3 1-4 가나안 전쟁을 경험하지 않은 이스라엘 백성을
시험하기 위해 **하나님**께서 그곳에 남겨 두신 민족
들은 이러하다. 그분은 전쟁을 겪지 않은 이스라엘 자손들
을 훈련시키기 위해 그렇게 하셨다. 블레셋의 다섯 군주,
가나안 사람 전부, 시돈 사람, 바알헤르몬 산에서부터 하

맛 고갯길까지 레바논 산에 사는 히위 사람을 남겨 두셨
다. 그것은 모세를 통해 조상들에게 주신 **하나님**의 명령에
이스라엘이 순종하는지 시험하여 알아보기 위해서였다.
5-6 그러나 이스라엘 백성은 가나안 사람, 헷 사람, 아모리
사람, 브리스 사람, 히위 사람, 여부스 사람과 함께 어울려
살았다. 이스라엘은 그들의 딸과 결혼했고 그들의 아들을
사위로 삼았다. 그리고 그들의 신들을 섬겼다.

사사 옷니엘

7-8 이스라엘 백성이 **하나님** 보시기에 악을 행했다. 그들은
자신들의 **하나님**을 잊어버리고 바알 신들과 아세라 여신들
을 섬겼다. 이스라엘을 향한 **하나님**의 진노가 뜨겁게 불타
올랐다. 그분은 그들을 아람나하라임 왕 구산리사다임에게
팔아넘기셨다. 이스라엘 백성은 팔 년 동안 구산리사다임의
종으로 지냈다.
9-10 이스라엘 백성이 **하나님**께 부르짖자 **하나님**께서 그들을
구할 구원자를 일으키셨다. 그는 갈렙의 조카요 갈렙의 동
생 그나스의 아들인 옷니엘이었다. **하나님**의 영이 그에게
임하시니 그가 이스라엘을 다시 불러 모았다. 그가 전쟁에
나가자 **하나님**께서 아람나하라임 왕 구산리사다임을 그의
손에 넘겨주셨다. 옷니엘은 그를 간단히 처치할 수 있었다.
11 그 땅이 사십 년 동안 평온했다. 그 후에 그나스의 아들
옷니엘이 죽었다.

사사 에훗

12-14 그러나 이스라엘 백성은 또다시 **하나님** 보시기에 악을
행했다. 그래서 **하나님**께서는 모압 왕 에글론을 강하게 만
드셔서 이스라엘을 대적하게 하셨다. 그들이 **하나님** 보시기
에 악을 행했기 때문이다. 에글론은 암몬 사람과 아말렉 사
람을 소집하여 이스라엘을 치고 종려나무 성읍을 차지했다.
이스라엘 백성은 십사 년 동안 에글론의 종으로 지냈다.
15-19 이스라엘 백성이 **하나님**께 부르짖으니 **하나님**께서 그들
을 위해 구원자를 일으키셨다. 그는 베냐민 지파 게라의 아
들 에훗으로, 왼손잡이였다. 이스라엘 백성은 에훗 편으로
모압 왕 에글론에게 조공을 보냈다. 에훗은 양날 단검을 만
들어 오른쪽 허벅지에 차고 옷으로 가린 뒤, 모압 왕 에글론
에게 가서 조공을 바쳤다. 에글론은 몹시 뚱뚱했다. 조공을
다 바친 뒤에 에훗은 조공을 메고 온 사람들과 함께 길을 떠
났다. 그는 길갈 근처 돌 우상이 있는 곳까지 갔다가 다시 돌
아와서 말했다. "왕이시여, 은밀히 드릴 말씀이 있습니다."
왕이 신하들에게 "물러가라"고 하자, 그들이 다 물러갔다.
20-24 에훗이 왕에게 다가섰을 때 왕은 서늘한 다락방에 혼자
있었다. 에훗이 "왕께 전할 하나님의 말씀이 있습니다" 하
고 말하자, 에글론이 왕좌에서 일어났다. 에훗은 왼손을 뻗
어 오른쪽 허벅지에서 칼을 뽑아 왕의 불룩한 배를 찔렀다.
그러자 칼날뿐 아니라 칼자루까지 배에 깊이 박혔다. 기름
기가 칼에 엉겨서 칼을 뽑을 수 없었다. 에훗은 현관으로 몰

래 빠져나와 다락방 문을 닫아 잠그고 도망쳤다.
신하들이 와서 보니, 뜻밖에도 다락방 문이 잠겨 있었다. 그
들은 "왕이 화장실에서 용변을 보시는가" 하고 생각했다.
25 그들은 기다리다가 걱정이 되었다. 그 잠긴 문에서 아무도
나오지 않았기 때문이다. 결국 그들이 열쇠를 가져다가 문을
열어 보니, 그곳에 왕이 죽은 채로 바닥에 쓰러져 있었다!
26-27 그들이 어찌할 바를 몰라 우두커니 서 있는 동안, 에훗
은 한참 달아나 있었다. 그는 돌 우상이 있는 곳을 지나서
스이라로 도망쳤다. 그곳에 이른 그는, 에브라임 산에서 나
팔을 불었다. 이스라엘 백성이 산지에서 내려와 그와 합류
했다. 에훗은 그들의 선두에 섰다.
28 그가 말했다. "나를 따르시오. **하나님**께서 여러분의 원수
모압을 여러분의 손에 넘겨주셨소." 그들은 에훗을 따라 내
려가 요단 강 여울목을 확보하고 모압 사람과 대치했다. 그
들은 아무도 강을 건너지 못하게 했다.
29-30 그때 그들이 죽인 모압 사람이 열 개 부대쯤 되었는데,
다들 몸집이 크고 건장했지만 한 사람도 도망치지 못했다.
그날 모압이 굴복하여 이스라엘의 손 아래 들어왔다.
그 땅이 팔십 년 동안 평온했다.

사사 삼갈

31 아낫의 아들 삼갈이 에훗의 뒤를 이었다. 그는 소 모는 막
대기로 혼자서 블레셋 사람 육백 명을 죽였다. 그도 이스라

엘을 구원했다.

사사 드보라

4 1-3 이스라엘 백성이 하나님 보시기에 끊임없이 악을
행했다. 그래서 하나님께서는 에훗이 죽은 뒤에 하
솔에서 다스리던 가나안 왕 야빈에게 그들을 팔아 버리셨
다. 그의 군대 사령관은 하로셋학고임에 사는 시스라였다.
그가 구백 대의 철제 전차로 이십 년 동안 이스라엘 백성을
잔혹하게 압제했으므로 이스라엘 백성이 하나님께 부르짖
었다.
4-5 랍비돗의 아내 드보라는 예언자요, 당시에 이스라엘을
다스리던 사사였다. 드보라가 에브라임 산지의 라마와 베델
사이에 있는 드보라의 종려나무 아래서 재판을 열면, 이스
라엘 백성이 그녀에게 가서 재판을 받곤 했다.
6-7 드보라가 납달리의 게데스로 사람을 보내어 아비노암의
아들 바락을 불러다 그에게 말했다. "하나님 이스라엘의 하
나님께서 그대에게 분명히 명령하십니다. '다볼 산으로 가
서 전투를 준비하여라. 납달리 자손과 스불론 자손 중에서
군사 열 개 부대를 이끌고 가거라. 내가 야빈의 군지도자 시
스라를 그의 모든 전차와 군대와 함께 기손 강가로 끌어들
이겠다. 내가 반드시 너를 도와 전투에서 이기게 하겠다.'"
8 바락이 말했다. "당신이 나와 함께 가면 나도 가겠습니
다. 그러나 당신이 나와 함께 가지 않으면 나도 가지 않겠습

니다."
9-10 드보라가 말했다. "물론 나도 그대와 함께 갈 것입니다.
하지만 그런 자세로는 이 일에서 그대가 영광을 얻지 못할
것입니다. **하나님**께서는 한 여인의 손을 빌어 시스라를 처
치하실 것입니다."
드보라는 준비를 마치고 바락과 함께 게데스로 갔다. 바락
이 스불론과 납달리를 게데스로 불러 모으니, 군사 열 개 부
대가 그를 따랐다. 드보라도 그와 함께 있었다.
11-13 모세의 장인 호밥의 자손 가운데 겐 사람 헤벨이 일찍
이 동족인 겐 사람들과 갈라져, 그 즈음 게데스 부근의 사아
난님 상수리나무 옆에 살고 있었다. 사람들이 시스라에게
아비노암의 아들 바락이 다볼 산으로 올라갔다고 전해 주
었다. 시스라는 곧바로 모든 전차—철제 전차 구백 대!—와
하로셋학고임에 주둔하고 있던 모든 군대를 기손 강가로 소
집했다.
14 드보라가 바락에게 말했다. "돌진하십시오! 바로 오늘 **하
나님**께서 그대에게 시스라를 쳐부수도록 승리를 주셨습니
다. **하나님**께서 그대보다 앞서 진격하고 계십니다."
바락은 열 개 부대를 이끌고 다볼 산 비탈로 돌진해 내려갔다.
15-16 **하나님**께서 바락 앞에서 시스라를—그의 모든 전차와
모든 군대!—쳐부수셨다. 시스라는 전차에서 뛰어내려 도망
쳤다. 바락은 하로셋학고임까지 전차와 군대를 추격했다. 시
스라의 모든 군대가 죽임을 당하고 한 사람도 남지 않았다.

17-18 한편, 시스라는 필사적으로 도망쳐 겐 사람 헤벨의 아내 야엘의 장막으로 갔다. 하솔 왕 야빈과 겐 사람 헤벨은 서로 사이가 좋았다. 야엘이 나와서 시스라를 맞으며 말했다. "들어오세요, 장군님. 저와 함께 이곳에 머무세요. 두려워하실 것 없습니다."

그래서 시스라는 야엘의 장막으로 들어갔다. 야엘은 그에게 담요를 덮어 주었다.

19 시스라가 야엘에게 말했다. "물 좀 주시오. 목이 마르군." 야엘은 우유가 든 병을 열어 그에게 마시게 하고는, 다시 담요로 그를 덮어 주었다.

20 시스라가 말했다. "장막 문에 서 있으시오. 혹시 누군가 와서 안에 누가 있는지 묻거든, 아무도 없다고 하시오."

21 시스라가 지쳐서 곤히 잠든 사이에, 헤벨의 아내 야엘이 장막 말뚝과 망치를 들고 살금살금 다가가, 그의 관자놀이에 대고 장막 말뚝을 박았다. 말뚝이 땅에 꽂히도록 박히니, 시스라가 경련을 일으키며 죽었다.

22 시스라를 쫓던 바락이 도착했다. 야엘이 나가서 그를 맞이했다. 야엘은 "어서 오십시오. 당신이 찾는 사람을 제가 보여 드리겠습니다" 하고 말했다. 그가 야엘과 함께 가 보니, 시스라는 관자놀이에 말뚝이 박혀 몸을 뻗은 채 죽어 있었다.

23-24 그날 하나님은 이스라엘 백성 앞에서 가나안 왕 야빈을 굴복시키셨다. 이스라엘 백성이 가나안 왕 야빈을 더 세게 몰아붙여, 결국 그에게 아무것도 남지 않게 되었다.

5

1 그날 드보라와 아비노암의 아들 바락이 이 노래를
불렀다.

2 그들이 이스라엘에서 머리를 풀어 내려
바람에 마구 흩날리게 했다.
백성이 기꺼이 나섰으니
하나님을 찬양하여라!

3 왕들아, 들어라! 통치자들아, 들어라!
내가 **하나님**께 노래하리라.
하나님 이스라엘의 하나님께
아름다운 음악을 울려라.

4-5 **하나님**, 주께서 세일을 떠나
에돔 들판을 가로질러 진군하실 때
땅이 떨었고, 아, 하늘이 비를 쏟았으며
구름이 강을 이루었습니다.
하나님 시내 산의 하나님 앞에서
하나님 이스라엘의 하나님 앞에서 산들이 뛰었습니다.

6-8 아낫의 아들 삼갈의 때와

야엘의 때에
큰길의 인적이 끊기고
행인들은 뒷길로 다녔다.
전사들은 뚱뚱하고 엉성하여
투지가 하나도 없었다.
그때 당신, 드보라가 일어났다.
당신, 이스라엘의 어머니가 일어났다.
하나님께서 새 지도자들을 택하시니
그들이 성문에서 싸웠다.
이스라엘의 마흔 개 부대 가운데
방패 하나 창 하나 보이지 않았다.

9 이스라엘아, 기운을 내어라.
백성과 함께 기꺼이 나와서 **하나님**을 찬양하여라!

10-11 편하게 담요 위에 앉아서
귀한 나귀를 타고 가는 너희들아,
길을 가는 너희들아,
깊이 생각하고 주의를 기울여라!
성읍 우물가에 모여서
그들의 노랫소리를 들어라.
하나님의 승리, 곧 이스라엘에 이루신

승리의 이야기를 노래하는 소리를 들어라.

그때 **하나님**의 백성이
성문으로 내려갔다.

12 깨어라, 깨어라, 드보라야!
깨어라, 깨어서 노래를 불러라!
일어나라, 바락아!
포로들을 데려가라, 아비노암의 아들아!

13-18 그때 남은 자들이 내려가 용감한 자들을 맞이했다.
하나님의 백성이 강한 자들과 합류했다.
에브라임의 지휘관들이 골짜기로 왔고
너희 뒤로는 베냐민이 너희 군대와 함께 왔다.
마길에서 지휘관들이 진군해 내려왔고
스불론에서 고위급 지도자들이 내려왔다.
잇사갈의 지도자들이 드보라에게 모였고
잇사갈은 바락과 함께 굳게 서서
전쟁터에서 그를 지원했다.
그러나 르우벤 군대는 앞뒤 계산하느라 바빴다.
모닥불 가의 모든 입씨름은 어찌 된 일인가?
산만하여 생각이 딴 데 있고

르우벤 군대는 마음을 정할 수 없었다.
어찌하여 길르앗은 요단 강 건너에서 몸을 사렸고
단은 어째서 배를 타고 나갔던가?
해변의 아셀은 일정한 거리를 두고
자기 항구에서 안전히 머물렀다.
그러나 스불론은 목숨을 걸었고 죽음을 무릅썼다.
납달리도 고원의 싸움터에서 그러했다.

19-23 왕들이 와서 싸웠으니
가나안 왕들이 싸웠다.
그들이 다아낙에서, 므깃도 시내에서 싸웠으나
은과 전리품을 얻지 못했다.
하늘의 별들도 함께 싸웠으니
그 다니는 길에서 시스라와 싸웠다.
기손의 급류가 그들을 휩쓸었다.
급류, 기손의 급류가 그들을 쳤다.
너는 강한 자의 목을 밟을 것이다!
그때 말발굽소리가 울리니
우르르 돌진하는 군마들이었다.
하나님의 천사가 이르기를 "메로스를 저주하여라.
그 백성을 저주하고 또 저주하여라.
그들이 **하나님**께서 필요로 하실 때 오지 않았고
용감한 전사들과 **하나님** 편에 모이지 않았기 때문이다."

24-27 모든 여인 중에 가장 복된 사람은
겐 사람 헤벨의 아내 야엘이니
여인들 중에 가장 복되도다.
시스라가 물을 달라 할 때
야엘은 우유를 내오되
멋들어진 대접에
크림을 담아서 주었다.
그녀는 왼손에 장막 말뚝을 들고
오른손으로 망치를 잡았다.
망치를 내리쳐 시스라의 머리를 깨고
관자놀이에 구멍을 뚫었다.
그는 그녀의 발아래 고꾸라졌다. 쓰러져 뻗었다.
그녀의 발아래 고꾸라져, 쓰러졌다.
고꾸라지고, 쓰러져 죽었다.

28-30 시스라의 어머니가 창가에서 기다렸다.
지치고 불안한 마음으로 두루 살폈다.
"그의 전차가 왜 이리 더딘가?
덜컹이는 전차소리가 왜 아직 들리지 않는가?"
가장 지혜로운 시녀가 침착한 말로

대답하여 안심시키기를,
"그들이 약탈하느라,
전리품을 나누느라 바쁘지 않을까요?
각 사람마다
처녀 하나씩 어쩌면 둘씩 차지하고,
시스라는 화사한 비단 옷옷,
멋진 고급 비단 옷옷을 걸치고 있겠지요!
또 울긋불긋한 목도리로, 어쩌면 목도리 두 개로
약탈자들의 목을 치장하겠지요."

31 **하나님**의 원수들은 이처럼 모두 망하게 하시고
하나님을 사랑하는 자들은 구름 없는 해 같게 하십시오.

그 땅이 사십 년 동안 평온했다.

사사 기드온

6

1-6 이스라엘 백성이 또다시 **하나님** 보시기에 악을 행했다. 그래서 **하나님**께서는 그들을 칠 년 동안 미디안의 지배 아래 두셨다. 미디안이 이스라엘을 압제하니, 이스라엘 백성은 미디안 때문에 산속에 은신처로 동굴과 요새를 마련했다. 이스라엘이 곡식을 심어 놓으면, 미디안과 아말렉 같은 동쪽 사람들이 침략하여 이스라엘의 밭에 진을

치고는, 멀리 가사에 이르기까지 작물을 망쳐 놓았다. 그들
은 이스라엘이 먹고살 것을 하나도 남겨 두지 않았고, 양이
나 소나 나귀 한 마리도 남겨 두지 않았다. 마치 메뚜기 떼
가 쳐들어오듯이, 그들은 자기네 소 떼와 장막을 가지고 들
어와 그 땅을 차지해 버렸다. 게다가 그들의 낙타는 수를 헤
아릴 수조차 없었다! 그들은 진격해 들어와서 그 땅을 폐허
로 만들었다. 미디안 때문에 가난해질 대로 가난해진 이스
라엘 백성은, **하나님**께 도와 달라고 부르짖었다.
7-10 한번은 이스라엘 백성이 미디안 때문에 **하나님**께 부르
짖었더니, **하나님**께서 그들에게 한 예언자를 보내셔서 이런
말씀을 주셨다. "**하나님** 이스라엘의 하나님의 말씀이다.

내가 너희를 이집트에서 구해 내고
종살이에서 해방시켰다.
나는 너희를 이집트의 폭정에서 구하고
또 모든 압제자의 손에서 구해 냈다.
내가 그들을 너희 앞에서 쫓아내고
그들의 땅을 너희에게 주었다.

나는 너희에게 '나는 **하나님** 너희 하나님이다. 너희가 살고 있는 땅 아모리 사람의 신들을 조금도 두려워하지 마라' 하고 말했다. 그러나 너희는 내 말을 듣지 않았다."
11-12 하루는 **하나님**의 천사가 와서, 아비에셀 사람 요아스에

게 속한 오브라의 상수리나무 아래에 앉았다. 요아스의 아
들 기드온이 미디안 사람의 눈에 띄지 않도록 포도주 틀에
서 밀을 타작하고 있었다. **하나님**의 천사가 그에게 나타나
서 말했다. "강한 용사여, **하나님**께서 너와 함께 계신다!"
13 기드온이 대답했다. "저와 함께 계신다고요? **하나님**께서
우리와 함께 계신다면 어째서 우리에게 이 모든 일이 일어
났습니까? 우리 부모와 조상들이 '**하나님**께서 우리를 이집
트에서 구해 내지 않으셨느냐?'며 우리에게 말하던 그 모든
기적은 다 어디로 갔습니까? 이제 **하나님**은 우리와 아무 상
관이 없는 분이십니다. 우리를 이렇게 미디안의 손에 넘긴
것도 그분이십니다."
14 그러자 **하나님**께서 그를 돌아보며 말씀하셨다. "너는 가
서, 네게 있는 그 힘으로 이스라엘을 미디안에게서 구원하
여라. 내가 너를 보내지 않았느냐?"
15 기드온이 그분께 아뢰었다. "주님, 제가 말입니까? 제가
무엇으로 이스라엘을 구원할 수 있겠습니까? 저를 보십시
오. 저희 집안은 므낫세 중에서 가장 약하고, 저는 형제들
중에서도 가장 보잘것없는 자입니다."
16 **하나님**께서 그에게 말씀하셨다. "내가 너와 함께할 것이
다. 나를 믿어라. 네가 마치 한 사람을 물리치듯이 미디안을
물리칠 것이다."
17-18 기드온이 말했다. "그 말씀이 진심이라면 제 부탁을 들
어주십시오. 말씀하신 것을 뒷받침할 표징을 제게 주십시

오. 제가 돌아와 예물을 드릴 때까지 떠나지 마십시오."
하나님께서 말씀하셨다. "네가 돌아올 때까지 기다리겠다."
19 기드온은 가서 염소 새끼 한 마리와 누룩을 넣지 않은 빵
을 많이 준비했다(밀가루를 20리터도 더 썼다!) 그는 거룩한
식사로 바구니에 고기를 담고 냄비에 국을 담아 상수리나무
그늘 아래로 다시 갔다.
20 하나님의 천사가 그에게 말했다. "고기와 누룩을 넣지 않
은 빵을 가져다가 저 바위 위에 놓고 그 위에 국을 부어라."
기드온이 그대로 했다.
21-22 **하나님**의 천사가 들고 있던 지팡이 끝을 내밀어 고기
와 빵에 댔다. 그러자 바위에서 불이 나와 고기와 빵을 살
라 버렸고, 그 사이에 하나님의 천사는 온데간데없이 사라
졌다. 그제야 기드온은 그가 하나님의 천사인 것을 알았
다!
기드온이 말했다. "어쩌면 좋습니까! 주 **하나님**! 제가 하나
님의 천사를 대면하여 보았습니다!"
23 그러자 **하나님**께서 그를 안심시키셨다. "안심하여라. 두
려워하지 마라. 너는 죽지 않을 것이다."
24 기드온은 그곳에 **하나님**께 제단을 쌓고 그 제단을 '**하나
님**의 평화'라고 불렀다. 아비에셀의 오브라에 있는 그 제단
은 오늘까지 그렇게 불린다.
25-26 그날 밤에 이런 일이 있었다. **하나님**께서 기드온에게
말씀하셨다. "네 아버지의 집에서 칠 년 된 가장 좋은 수소,

최상품 수소를 끌고 오너라. 네 아버지 집의 바알 제단을 허
물고 그 옆에 있는, 다산을 비는 아세라 목상을 찍어 버려
라. 그리고 이 언덕 꼭대기에 **하나님** 너의 하나님께 제단을
쌓아라. 최상품 수소를 끌고 와서 번제로 드리되, 네가 찍어
낸 아세라 목상을 장작으로 써라."
27 기드온은 자기 종들 가운데서 열 명을 골라 **하나님**께서
명령하신 대로 행했다. 그러나 가족과 이웃이 두려워 그 일
을 드러내지 않고 밤중에 했다.
28 이른 아침, 마을 사람들은 바알의 제단이 헐려 있고, 그
옆의 아세라 목상이 찍혀 있으며, 새로 쌓은 제단 위에 최상
품 수소가 불타고 있는 것을 보고 깜짝 놀랐다.
29 "누구 짓이지?" 그들은 여기저기 물어보았다.
묻고 또 물어 마침내 답을 찾았다. "요아스의 아들 기드온의
짓이다."
30 성읍 사람들은 요아스를 다그쳤다. "당신의 아들을 내놓
으시오! 그는 죽어 마땅하오! 그가 바알의 제단을 허물고
아세라 목상을 찍어 버렸소!"
31 그러나 요아스는 자신을 떠미는 무리와 당당히 맞섰다.
"당신들이 바알을 위해 바알의 싸움을 하려는 거요? 당신들
이 바알을 구원하겠다는 거요? 누구든지 바알 편에 서는 사
람은 내일 아침까지 죽고 말 것이오. 바알이 정말 신이라면,
그가 스스로 싸우고 자기 제단도 스스로 지키게 두시오."
32 그날 사람들은 기드온에게 여룹바알이라는 별명을 붙여

주었다. 그가 바알의 제단을 허문 뒤에 "바알의 싸움은 바알 스스로 하게 두라"고 말했기 때문이다.

33-35 미디안 사람과 아말렉 사람(동쪽 사람들)이 모두 모여
강을 건너와서, 이스르엘 골짜기에 진을 쳤다. **하나님**의 영
이 기드온 위에 임하셨다. 그가 숫양 뿔나팔을 불자 아비에
셀 사람들이 나와서 즉시 그를 따랐다. 기드온은 므낫세 전
역으로 전령들을 급파하여 그들을 전쟁에 소집했고, 아셀과
스불론과 납달리에도 전령들을 보내니 그들이 모두 왔다.
36-37 기드온이 하나님께 아뢰었다. "참으로 주께서 말씀하
신 대로 저를 사용하여 이스라엘을 구원하실 것이라면, 보
십시오. 제가 양털 한 뭉치를 타작마당에 놓아두겠습니다.
이슬이 양털에만 내리고 마당은 말라 있으면, 주께서 말씀
하신 대로 저를 사용하여 이스라엘을 구원하실 줄로 알겠습
니다."
38 정말 기드온의 말대로 되었다. 이튿날 아침 일찍 기드온
이 일어나서 양털을 짜 보니, 대접에 물이 가득할 정도로 축
축하게 젖어 있었다.
39 기드온이 다시 하나님께 아뢰었다. "제게 노하지 마십시
오. 하나만 더 아뢰겠습니다. 양털로 한 번만 더 시험해 보
고 싶습니다. 이번에는 양털만 말라 있고, 땅은 이슬로 흠뻑
젖게 해주십시오."

40 그 밤에 하나님께서 그대로 해주셨다. 양털만 말라 있고
땅은 이슬로 젖어 있었다.

7

1 여룹바알(기드온)이 이튿날 아침 일찍 일어나니, 그
의 모든 군대가 그와 함께했다. 그들은 하롯 샘 옆에
진을 쳤다. 미디안의 진은 그들의 북쪽 모레 언덕 부근의 평
지에 있었다.
2-3 **하나님**께서 기드온에게 말씀하셨다. "너와 함께한 군대
가 너무 많다. 이대로는 내가 미디안을 그들 손에 넘겨줄 수
없다. 그들이 '내 힘으로 해냈다'고 하며 공로를 독차지하고
나를 잊어버릴 것이 뻔하다. 너는 '두렵거나 조금이라도 주
저하는 마음이 있으면, 누구든지 지금 길르앗 산을 떠나 집
으로 돌아가도 좋다'고 공포하여라." 그들 가운데 스물두 개
부대가 집으로 돌아가고 열 개 부대만 남았다.
4-5 **하나님**께서 기드온에게 말씀하셨다. "아직도 너무 많다.
그들을 데리고 개울로 내려가거라. 내가 거기서 최종 선발
을 하겠다. 내가 '이 사람은 너와 함께 간다'고 말하면, 그가
너와 함께 갈 것이다. 내가 '이 사람은 너와 함께 가지 않는
다'고 말하면, 그는 너와 함께 가지 않을 것이다." 그래서 기
드온은 군대를 이끌고 개울로 내려갔다.
5-6 **하나님**께서 기드온에게 말씀하셨다. "개가 핥듯이 혀로
물을 핥는 사람은 한쪽에 두고, 무릎을 꿇고서 얼굴을 물에

대고 마시는 사람은 다른 쪽에 두어라." 손으로 물을 떠서 혀로 핥아 먹은 사람의 수는 삼백 명이었고, 나머지는 다 무릎을 꿇고 마셨다.

7 **하나님**께서 기드온에게 말씀하셨다. "개울에서 물을 핥아
먹은 이 삼백 명을 사용하여 내가 너희를 구원하고 미디안을 너희 손에 넘겨주겠다. 나머지는 다 집으로 돌아가도 좋다."

8 기드온은 식량과 나팔을 모두 넘겨받은 뒤에 이스라엘 백
성을 집으로 돌려보냈다. 그는 삼백 명과 함께 위치를 정했다. 미디안 진은 그 아래 골짜기에 펼쳐져 있었다.

9-12 그날 밤 **하나님**께서 기드온에게 말씀하셨다. "일어나서
적진으로 내려가거라. 내가 그들을 네 손에 넘겨주었다. 선뜻 내려가지 못하겠거든, 네 무기를 드는 자 부라와 함께 가거라. 가서 그들이 하는 말을 들으면, 네가 담대해지고 자신감이 생길 것이다." 기드온과 그의 무기를 드는 자 부라는 보초병들이 배치되어 있는 곳 가까이로 내려갔다. 미디안과 아말렉, 곧 동쪽 사람들이 메뚜기 떼처럼 평지에 널려 있었다. 게다가 그들의 낙타는 바닷가의 모래알처럼 헤아릴 수 없을 만큼 많았다!

13 기드온이 도착하자 마침 어떤 사람이 친구에게 자신의 꿈
이야기를 하는 것이 들렸다. "내가 이런 꿈을 꾸었네. 보리빵 한 덩이가 미디안 진으로 굴러 들어왔는데, 그것이 장막까지 이르러 세게 치는 바람에 장막이 무너졌다네. 장막이 쓰러지고 말았어!"

14 그의 친구가 말했다. "이것은 이스라엘 사람 요아스의 아
들 기드온의 칼이 틀림없어! 하나님께서 미디안의 진을 몽
땅 그의 손에 넘기신 것이네!"
15 꿈 이야기와 그 해석을 들은 기드온은 하나님 앞에 무릎
을 꿇고 기도했다. 그리고 이스라엘 진으로 돌아가서 말했
다. "일어나, 출발하라! **하나님**께서 미디안 군대를 우리 손
에 넘겨주셨다!"
16-18 기드온은 삼백 명을 세 개 부대로 나누었다. 각 사람에
게 나팔과 빈 항아리를 주었는데, 항아리 안에는 횃불이 들
어 있었다. 그가 말했다. "나를 잘 보고 내가 하는 대로 하여
라. 내가 적진에 이르거든, 나를 따라 하여라. 나와 함께한
자들과 내가 나팔을 불면, 너희도 진 사방에서 나팔을 불고
'**하나님**을 위하여, 기드온을 위하여!'라고 외쳐라."
19-22 기드온과 그와 함께한 백 명의 군사는 보초병들이 배치
된 직후 심야 경계가 시작될 때 적진에 이르렀다. 그들은 나
팔을 불었고, 그와 동시에 들고 있던 항아리를 깨부수었다.
세 개 부대가 일제히 나팔을 불며 항아리를 깨뜨렸다. 그들
은 왼손에는 횃불을, 오른손에는 나팔을 들고 외쳤다. "하
나님을 위한 칼, 기드온을 위한 칼이다!" 그들은 진을 빙 둘
러서 각자 자리를 잡았다. 미디안 온 진이 발칵 뒤집혔다.
그들은 소리를 지르며 달아났다. 삼백 명이 나팔을 불자, 하
나님께서 진 전역에 걸쳐 미디안 군사의 칼마다 자기네 동
료를 향하게 하셨다. 그들은 벳싯다로, 스레라 쪽으로, 답밧

근처의 아벨므홀라 경계까지 필사적으로 도망쳤다.
23 이스라엘 백성이 납달리와 아셀, 므낫세 전역에서 모여들
었다. 미디안이 달아나고 있었기 때문이다.
24 기드온은 에브라임 산지 전역으로 전령들을 보내어 "내
려와서 미디안을 쳐라! 벳바라에서 요단 강 여울목을 장악
하여라" 하고 독려했다.
25 그래서 에브라임 사람들이 모두 모여 벳바라에서 요단 강
여울목을 장악했다. 그들은 미디안의 두 지휘관 오렙(까마
귀)과 스엡(늑대)도 사로잡았다. 그들은 까마귀 바위에서 오
렙을 죽이고, 늑대 포도주 틀에서 스엡을 죽였다. 그리고 계
속해서 미디안을 추격했다. 그들은 오렙과 스엡의 머리를
요단 강 건너편에 있는 기드온에게 가져왔다.

8 1 그때 에브라임 사람들이 기드온에게 말했다. "당신
이 미디안과 싸우러 나갈 때에 어찌하여 우리를 부
르지 않고 이 일에서 제외시켰소?" 그들은 잔뜩 화가 난 상
태였다.
2-3 그러자 기드온이 대답했다. "내가 한 일이 여러분이 한 일
과 비교가 되겠습니까? 에브라임이 주워 모은 이삭이 아비
에셀이 수확한 포도보다 낫지 않습니까. 하나님께서 미디안
의 지휘관 오렙과 스엡을 여러분 손에 넘겨주셨습니다. 그러
니 내가 한 일이 여러분이 한 일에 비교나 되겠습니까?"

그 말을 듣고 나서야, 그들의 마음이 진정되었다.

4-5 기드온과 그와 함께한 삼백 명이 요단 강에 이르러 강을
건넜다. 그들은 기진맥진했지만 계속 적들을 추격했다. 기
드온이 숙곳 사람들에게 부탁했다. "나와 함께한 군대가 지
쳤으니, 그들에게 빵을 좀 주십시오. 나는 미디안의 두 왕
세바와 살문나를 바짝 뒤쫓고 있는 중입니다."
6 그러자 숙곳 지도자들이 말했다. "당신은 부질없는 짓을
하고 있소. 당신의 헛수고를 우리가 어째서 도와야 한단 말
이오?"
7 기드온이 말했다. "그렇다면 어쩔 수 없소. 하지만 **하나님**
께서 세바와 살문나를 내게 넘겨주실 때, 내가 사막의 가시
와 엉겅퀴로 당신들의 맨살을 매질하고 채찍질할 것이오."
8-9 기드온은 거기서 브누엘로 올라가 똑같이 사정해 보았지
만, 브누엘 사람들도 숙곳 사람들처럼 그의 부탁을 거절했
다. 기드온은 그들에게 말했다. "내가 무사히 돌아올 때에
이 망루를 허물어 버리고 말 것이오."
10 세바와 살문나는 약 열다섯 개 부대의 병력과 함께 갈골
에 있었는데, 동쪽 사람들의 남은 병력은 그것이 전부였다.
그들은 이미 군사 백이십 개 부대를 잃었다.
11-12 기드온이 노바와 욕브하 동쪽의 대상로를 따라 올라가
서, 무방비 상태의 진을 공격했다. 세바와 살문나가 도망쳤

지만 기드온이 추격하여 미디안의 두 왕을 사로잡았다. 온
진이 공포에 휩싸였다.

13-15 요아스의 아들 기드온은 헤레스 고갯길을 지나 전투에
서 돌아오다가, 숙곳의 한 젊은이를 사로잡아 몇 가지를 물
었다. 젊은이는 숙곳의 관리와 지도자 일흔일곱 명의 명단
을 적어 주었다. 기드온은 숙곳 사람들에게 가서 말했다.
"당신들이 나더러 부질없는 일이라며 절대로 사로잡지 못할
것이라고 했던 세바와 살문나가 여기 있소. 당신들은 내 지
친 부하들에게 빵 한 조각도 주지 않았소. 당신들은 헛수고
를 하고 있다며 우리를 조롱했소."
16-17 이어서 기드온은 숙곳의 지도자 일흔일곱 명을 붙잡고
사막의 가시와 엉겅퀴로 그들을 매질했다. 또 그는 브누엘
의 망루를 허물고 그 성읍 사람들을 죽였다.
18 그 후에 기드온이 세바와 살문나에게 말했다. "너희가 다
볼에서 죽인 사람들에 대해 말해 보아라."
그들이 말했다. "꼭 당신 같은 사람들이었소. 하나같이 다
왕자처럼 보였소."
19 기드온이 말했다. "그들은 내 형제, 곧 내 어머니의 아들들
이다. **하나님**께서 살아 계심을 두고 맹세하는데, 만일 너희
가 그들을 살려 주었다면 나도 너희를 살려 주었을 것이다."
20 그러고 나서 그는 자기 맏아들 여델에게 "일어나 이들을
죽여라" 하고 명령했다. 그러나 여델은 칼을 뽑지 못했다.

아직 어려서 두려웠던 것이다.
21 세바와 살문나가 말했다. "당신이 대장부라면 직접 하시
오!" 그러자 기드온이 다가가 세바와 살문나를 죽였다. 그
는 그들이 타던 낙타 목에 걸린 초승달 모양의 장신구를 떼
어 가졌다.

22 이스라엘 백성이 말했다. "당신과 당신의 아들과 당신의
손자가 우리를 다스려 주길 원합니다. 당신이 미디안의 폭
정에서 우리를 구원했습니다."
23 기드온이 말했다. "나는 절대로 여러분을 다스리지 않을
것입니다. 내 아들도 마찬가지입니다. **하나님**께서 여러분을
통치하실 것입니다."
24 이어서 기드온이 말했다. "다만 한 가지 청이 있습니다.
여러분 각자가 전리품으로 취한 귀걸이를 하나씩 내게 주십
시오." 이스마엘 사람은 금귀걸이를 찼으므로, 그들의 주머
니마다 귀걸이가 가득했다.
25-26 그들이 말했다. "물론입니다. 모두 당신 것입니다!"
그들은 담요를 펴 놓고 각자 전리품으로 취한 귀걸이를 그
위에 던졌다. 기드온이 요청한 금귀걸이는 무게가 모두 20
킬로그램 정도 되었다. 그 밖에도 초승달 모양의 장신구, 늘
어뜨린 장식, 미디안 왕들이 입던 자주색 옷, 낙타들 목에
둘렀던 장식품들이 있었다.

27 기드온은 그 금으로 신성한 에봇을 만들어 자기 고향 오
브라에 전시해 두었다. 그러자 온 이스라엘이 거기서 그것
을 음란하게 섬겼고, 그 일은 기드온과 그의 집안에도 덫이
되었다.
28 이스라엘 백성이 미디안의 폭정을 꺾은 후로는, 그들에
게서 더 이상 아무 말도 들려오지 않았다. 기드온이 다스리
는 동안 그 땅이 사십 년 동안 평온했다.

29-31 요아스의 아들 여룹바알은 고향으로 돌아가 자기 집에
서 살았다. 기드온에게는 아들 일흔 명이 있었다. 모두 그가
낳은 아들이었다. 그에게 아내가 많았던 것이다! 세겜에 있
는 그의 첩도 아들을 낳았는데, 기드온은 그의 이름을 아비
멜렉이라고 했다.
32 요아스의 아들 기드온은 수를 다 누리고 죽었다. 그는 아
비에셀 사람의 땅 오브라에 있는 자기 아버지 요아스의 무
덤에 묻혔다.

아비멜렉

33-35 기드온의 몸이 무덤 속에서 채 식기도 전에, 이스라엘
백성이 그 길에서 벗어나 바알을 음란하게 섬겼다. 그들은
바알브릿을 자신들의 신으로 섬겼다. 이스라엘 백성은 그들
을 속박하던 모든 적에게서 그들을 구원하신 **하나님** 그들의

하나님을 깨끗이 잊어버렸다. 그들은 또 여룹바알(기드온)의 집안에도 신의를 지키지 않았고, 그가 이스라엘을 위해 행한 모든 선한 일을 기리지도 않았다.

9 1-2 여룹바알의 아들 아비멜렉이 세겜의 외삼촌들과
외가의 친척들에게 가서 말했다. "세겜의 모든 높은
사람에게 이렇게 물어보십시오. '여룹바알의 아들 일흔 명
모두가 여러분을 다스리는 것과 한 사람이 다스리는 것 중
에 어느 쪽이 나을 것 같습니까? 내가 여러분의 혈육임을
기억하십시오.'"
3 그의 외가 친척들이 세겜의 지도자들에게 그 제안을 전했
다. 그들은 아비멜렉을 받들고 싶어졌다. "그는 결국 우리
와 한 핏줄이기 때문이오" 하고 그들이 말했다.
4-5 그들은 바알브릿 신전에서 은화 일흔 개를 꺼내어 아비
멜렉에게 주었다. 그는 그 돈으로 건달패를 군사로 고용해
자기를 따르게 했다. 그는 오브라에 있는 아버지의 집에 가
서 자기의 배다른 형제들, 곧 여룹바알의 아들 일흔 명을 죽
였다! 그것도 한 바위 위에서 죽였다! 여룹바알의 막내아들
요담만 용케 숨어서 살아남았다.
6 그 후에 세겜과 벳밀로의 모든 지도자가 세겜에 있는 돌기
둥 옆의 상수리나무에 모여 아비멜렉을 왕으로 추대했다.

7-9 요담이 그 일을 다 듣고 그리심 산 꼭대기에 올라가 소리
높여 외쳤다.

"세겜의 지도자들이여, 내 말을 들으십시오.
그러면 하나님께서 여러분의 말을 들으실 것입니다!
하루는 나무들이 기름을 부어
자기들의 왕을 세우기로 했습니다.
그들은 올리브나무에게 말했습니다.
'네가 우리를 다스려라.'
그러나 올리브나무는 그들에게 말했습니다.
'내가 어찌 신과 사람들을 영화롭게 하는
이 기름 내는 귀한 일을 버리고
나무들 위에서 이래라저래라 하겠느냐?'

10-11 그러자 나무들이 무화과나무에게 말했습니다.
'네가 와서 우리를 다스려라.'
그러나 무화과나무는 그들에게 말했습니다.
'내가 어찌 군침 도는
단 과실을 내는 귀한 일을 버리고
나무들 위에서 이래라저래라 하겠느냐?'

12-13 그러자 나무들이 포도나무에게 갔습니다.
'네가 와서 우리를 다스려라.'

그러나 포도나무는 그들에게 말했습니다.
'내가 어찌 신과 사람들을 기쁘게 하는
포도주를 내는 귀한 일을 버리고
나무들 위에서 이래라저래라 하겠느냐?'

14-15 그러자 모든 나무들이 풀덤불에게 갔습니다.
'네가 와서 우리를 다스려라.'
그러나 풀덤불은 나무들에게 말했습니다.
'진정으로 나를 너희 왕으로 삼고자 한다면
와서 내 그늘 아래로 피하여라.
그렇지 않으면 풀덤불에서 불이 뿜어져 나와
레바논의 백향목들을 사를 것이다!'

16-20 이제 들으십시오. 여러분이 아비멜렉을 왕으로 세운 것
이 옳고 훌륭한 일이라고 생각합니까? 여러분이 여룹바알
과 그 집안을 선대하고 그에게 마땅한 대우를 했다고 봅니
까? 나의 아버지는 목숨을 걸고 여러분을 위해 싸워 미디
안의 폭정에서 여러분을 구했습니다. 그런데 여러분은 바
로 지금 그를 배신했습니다. 여러분은 그의 아들 일흔 명을
한 바위 위에서 학살했습니다! 그의 여종이 낳은 아들 아비
멜렉이 여러분의 친척이라는 이유로 그를 세겜의 지도자들
위에 왕으로 세웠습니다. 여러분이 오늘 여룹바알을 이렇게
대한 것이 정당한 처사라고 생각한다면, 여러분은 아비멜렉

을 즐거워하고 아비멜렉은 여러분을 즐거워할 것입니다. 그러나 그렇지 않다면, 아비멜렉에게서 불이 나와 세겜과 벳밀로의 지도자들을 사를 것입니다. 또 세겜과 벳밀로의 지도자들에게서 불이 나와 아비멜렉을 사를 것입니다."

21 요담은 목숨을 구하기 위해 도망쳤다. 그는 자기 형제 아비멜렉이 두려워, 브엘로 가서 그곳에 정착했다.

22-24 아비멜렉은 삼 년 동안 이스라엘을 다스렸다. 그때에 하나님께서 아비멜렉과 세겜 지도자들 사이에 불화를 일으키시니, 세겜 지도자들이 아비멜렉을 배신했다. 폭력은 부메랑이 되어 돌아왔다. 여룹바알의 아들 일흔 명을 살해한 잔인한 폭력이, 이제 아비멜렉과 그 폭력을 지지했던 세겜 지도자들 사이에 횡행했다.

25 세겜 지도자들은 아비멜렉에게 해를 끼치려고 산꼭대기마다 사람들을 매복시켜 길을 가는 사람들에게 강도짓을 하게 했다. 그 소식이 아비멜렉에게 들어갔다.

26-27 그때에 에벳의 아들 가알이 친척들과 함께 세겜으로 이주했다. 세겜 지도자들은 그를 의지했다. 하루는 그들이 밭에 나가 포도원에서 포도를 거두어다 포도주 틀에 넣고 밟았다. 그러고는 자기네 신의 신전에서 잔치를 베풀며 먹고 마셨다. 그러다 그들은 아비멜렉을 헐뜯기 시작했다.

28-29 에벳의 아들 가알이 말했다. "아비멜렉이 누구입니까?

또 우리 세겜 사람들이 왜 그의 지시를 받아야 합니까? 그는 여룹바알의 아들이 아닙니까? 그리고 이곳의 통치자는 그의 심복 스불이 아닙니까? 우리는 하몰의 자손으로 세겜의 귀하신 이름을 받은 사람들입니다. 어째서 우리가 아비멜렉의 비위나 맞추어야 한단 말입니까? 내가 이 백성의 책임자라면 우선 아비멜렉부터 없앨 겁니다! 그에게 '네 실력을 보여 봐라. 여기서 누가 높은지 한번 겨뤄 보자!' 하고 말할 겁니다."

30-33 그 성읍의 통치자인 스불은 에벳의 아들 가알이 하는 말을 듣고 화가 났다. 그는 몰래 아비멜렉에게 전령을 보내어 이렇게 알렸다. "에벳의 아들 가알과 그의 친척들이 세겜에 와서 당신에게 맞서 분란을 일으키고 있습니다. 그러니 이렇게 하십시오. 오늘 밤 당신의 군대를 이끌고 와서 밭에 매복하고 기다리십시오. 아침에 해가 밝는 대로 행동을 개시하여 성읍으로 돌격해 오십시오. 가알과 그의 군대가 당신에게 나아갈 테니, 뒷일은 알아서 하시면 됩니다."

34-36 아비멜렉과 그의 군대 네 개 부대가 그 밤에 올라가서 세겜에 접근하여 매복하고 기다렸다. 에벳의 아들 가알이 일어나 성문에 서 있었다. 아비멜렉과 그의 군대가 매복했던 곳에서 떠나자, 가알이 그 모습을 보고 스불에게 말했다. "저것 좀 보시오. 산꼭대기에서 사람들이 내려오고 있소!" 스불이 말했다. "산 그림자가 사람들처럼 보이는 것이겠지요." 가알은 연신 중얼거렸다.

37 가알이 다시 말했다. "답불에레스(세상의 중심)에서 내려
오는 저 군대를 보시오. 한 부대는 신탁의 상수리나무에서
곧장 다가오고 있소."
38 스불이 말했다. "큰소리치던 당신의 입은 지금 어디 있
소? '아비멜렉이 누군데 우리가 그의 지시를 받아야 하느냐'
하고 당신이 말하지 않았소? 저기 당신이 비웃던 아비멜렉
이 그의 군대와 함께 있소. 기회가 왔으니, 한번 싸워 보시
오!"
39-40 가알은 세겜 지도자들의 지지를 받고 나가 아비멜렉과
싸움을 벌였다. 그러나 아비멜렉이 그를 추격하자, 가알은
도망쳐 버렸다. 부상을 입고 쓰러진 사람들이 성문 앞까지
늘어졌다.
41 아비멜렉은 아루마에 야전 지휘 본부를 설치하고, 스불은
가알과 그의 친척들이 세겜에 들어오지 못하게 했다.

42-45 이튿날 세겜 백성이 들로 나갔는데, 아비멜렉이 그 소
식을 들었다. 그는 군대를 이끌고 나가서 세 개 부대로 나눈
다음 들에 매복시킨 뒤에, 백성이 탁 트인 곳으로 나서는 것
을 보고 일제히 일어나 그들을 쳤다. 아비멜렉과 그와 함께
한 부대는 앞으로 돌격하여 성문 입구를 장악했고, 다른 두
개 부대는 들판에 있는 사람들을 쫓아가 죽였다. 아비멜렉
은 그날 온종일 성읍에서 싸웠다. 그는 성읍을 점령하고 성

읍 안에 있는 사람들을 모두 죽였다. 그는 성읍을 무너뜨리
고 그 위에 소금을 뿌렸다.
46-49 세겜 망대와 관계된 지도자들이 그 소식을 듣고는 요새
화된 엘브릿 신전으로 들어갔다. 세겜 망대의 무리가 함께
모여 있다는 말이 아비멜렉에게 전해졌다. 그와 그의 군대
는 살몬 산(캄캄한 산)에 올라갔다. 아비멜렉은 도끼를 들어
장작 한 더미를 패고는 그것을 어깨에 멨다. 그러고는 그의
군대에게 말했다. "너희도 내가 한 것처럼 하여라. 서둘러
라!" 그래서 그의 부하들도 각자 한 더미씩 장작을 팼다. 그
들은 아비멜렉을 따라 장작더미를 망대 방벽에 기대어 쌓고
건물 전체에 불을 질렀다. 세겜 망대 안에 있던 사람들이 다
죽었는데, 죽은 남녀가 모두 천 명쯤 되었다.
50-54 그 후에 아비멜렉은 데베스로 갔다. 그는 데베스에 진
을 치고 그곳을 점령했다. 성읍 한가운데에 튼튼한 망대가
서 있었다. 성읍의 모든 남녀가 성읍 지도자들과 함께 그곳
으로 피해 문을 잠그고 망대 꼭대기로 올라갔다. 아비멜렉
은 망대까지 다가가서 공격했다. 그가 망대에 불을 놓으려
고 망루 문으로 다가간 바로 그때, 어떤 여인이 맷돌 위짝을
그의 머리 위로 떨어뜨려 그의 두개골을 부서뜨렸다. 그는
자기의 무기를 들고 다니는 젊은 병사를 다급히 불러 "사람
들이 나를 두고 '여자한테 죽은 자'라고 말하지 못하도록 네
칼을 뽑아서 나를 죽여라" 하고 말했다. 그 젊은 병사가 아
비멜렉을 칼로 찌르니, 그가 죽었다.

55 이스라엘 백성은 아비멜렉이 죽은 것을 보고 집으로 돌아
갔다.

56-57 하나님께서는 아비멜렉이 형제 일흔 명을 죽여서 자기
아버지에게 저지른 악을 갚으셨다. 또 세겜 사람들이 저지
른 모든 악을 여룹바알의 아들 요담의 저주대로 그들의 머
리 위에 내리셨다.

사사 돌라

10 1-2 아비멜렉의 뒤를 이어 도도의 손자요 부아의
아들인 돌라가 일어났다. 돌라는 위기에 잘 대처
하여 이스라엘을 구원했다. 그는 잇사갈 사람으로, 에브라
임 산지 사밀에 살면서 이십삼 년 동안 이스라엘의 사사로
있었다. 그는 죽어서 사밀에 묻혔다.

사사 야일

3-5 돌라 다음으로, 길르앗 사람 야일이 지도자가 되었다. 야
일은 이십이 년 동안 이스라엘의 사사로 있었다. 그에게 아
들 서른 명이 있었는데, 그들은 나귀 서른 마리를 타면서 길
르앗에 성읍 서른 개를 두었다. 그 성읍들은 오늘까지 야일
의 마을이라고 불린다. 야일은 죽어서 가몬에 묻혔다.

6-8 그 후에 이스라엘 백성이 또다시 **하나님** 보시기에 악을
행했다. 그들은 바알 신들과 아스다롯 여신들 곧 아람과 시
돈과 모압의 신들, 암몬 사람과 블레셋 사람의 신들을 섬겼
다. 그들은 금세 **하나님**을 버리고 떠나 버렸다. 더 이상 그
분을 섬기지 않았다. 그러므로 **하나님**께서 불같은 진노를
터뜨리셔서, 이스라엘을 블레셋 사람과 암몬 사람에게 넘기
셨다. 그들은 그해부터 이스라엘 백성을 무참히 괴롭히고
학대했다. 그들은 요단 강 동쪽 길르앗 아모리 사람 땅에 사
는 이스라엘 온 백성을 십팔 년 동안 지배했다.
9 그러다가 암몬 사람이 요단 강을 건너서 유다와 베냐민과
에브라임에까지 쳐들어왔다. 이스라엘은 위태로운 지경에
이르렀다!
10 이스라엘 백성은 **하나님**께 도와 달라고 부르짖었다. "저
희가 하나님께 죄를 지었습니다! 저희가 하나님을 떠나 바
알 신들을 섬겼습니다!"
11-14 **하나님**께서 이스라엘 백성에게 대답하셨다. "이집트,
아모리, 암몬, 블레셋, 시돈 사람이—아말렉과 미디안까
지!—너희를 압제할 때에 너희가 내게 도와 달라고 부르짖
어서, 내가 그들 손에서 너희를 구원했다. 그런데도 너희는
나를 떠나 반역하고 다른 신들을 섬겼다. 이제 나는 더 이상
너희를 구원하지 않겠다. 어디, 너희가 택한 그 신들에게 도

와 달라고 부르짖어 보아라! 그 신들의 도움으로 너희가 처
한 곤경에서 벗어나 보아라!"
15 그러자 이스라엘 백성이 **하나님**께 아뢰었다. "저희가 죄
를 지었습니다. 무엇이든 주님 보시기에 좋을 대로 행하십
시오. 하지만 부디 저희를 여기서 벗어나게 해주십시오!"
16 그러고 나서 그들은 이방 신들을 깨끗이 제거해 버리고
하나님만 섬겼다. **하나님**께서는 이스라엘의 괴로움을 마음
에 두셨다.

사사 입다

17-18 암몬 사람이 전쟁을 준비하고 길르앗에 진을 치자, 이
스라엘 백성도 대항하기 위해 미스바에 진을 쳤다. 길르앗
의 지도자들이 말했다. "누가 우리를 위해 일어나서 암몬 사
람을 치겠는가? 우리가 그를 길르앗 모든 사람의 통치자로
삼을 것이다!"

11 1-3 길르앗 사람 입다는 강인한 용사였다. 그는
창녀의 아들이었고, 아버지는 길르앗이었다. 한
편 길르앗의 본처가 그의 다른 아들들을 낳았는데, 그 아들
들이 자라서 입다를 쫓아내며 그에게 말했다. "너는 다른 여
자의 아들이니 우리 집안의 유산을 하나도 받지 못할 것이
다." 그래서 입다는 형제들을 피해 돕이라고 하는 땅에 가서
살았는데, 건달들이 그에게 붙어 함께 어울려 다녔다.

[4-6] 얼마 후에, 암몬 사람이 이스라엘에 싸움을 걸어 왔다.
그들이 전쟁을 일으키자, 길르앗 장로들은 입다를 데려오기
위해 돕 땅으로 갔다. 그들이 입다에게 말했다. "와서 우리
의 지휘관이 되어 주시오. 그러면 우리가 암몬 사람을 칠 수
있을 것이오."
[7] 그러자 입다가 길르앗의 장로들에게 말했다. "하지만 당
신들은 나를 미워하지 않습니까? 당신들은 나를 집안에서
쫓아냈습니다. 그런데 어찌 이제 와서 나를 찾아온 것입니
까? 당신들이 곤경에 빠져서 그런 게 아닙니까? 그렇지 않
습니까?"
[8] 길르앗의 장로들이 대답했다. "그렇소. 당신과 함께 가서
암몬 사람과 싸우려고, 우리가 여기 왔소. 당신이 우리 모
두, 길르앗 모든 사람의 통치자가 될 것이오."
[9] 입다가 길르앗의 장로들에게 말했다. "그러니까 당신들이
나를 고향으로 데리고 가서 암몬 사람과 싸울 때에, **하나님**
께서 그들을 내 손에 넘겨주시면 내가 당신들의 통치자가
된다는 말입니까?"
[10-11] 그들이 말했다. "**하나님**께서 우리 사이의 증인이시오.
무엇이든 당신이 말하는 대로 우리가 행하겠소." 입다는 길
르앗의 장로들과 함께 갔다. 백성은 그를 그들의 통치자와
지휘관으로 삼았다. 입다는 자신이 한 말을 미스바에서 **하
나님** 앞에 아뢰었다.

12 그 후에 입다가 암몬 사람의 왕에게 전령을 보내 메시지를
전했다. "내 땅에 들어와 시비를 거니, 이 무슨 짓입니까?"
13 암몬 사람의 왕이 입다의 전령에게 말했다. "이스라엘이
이집트에서 올라올 때 아르논 강에서부터 멀리 얍복 강과
요단 강에 이르는 내 땅을 빼앗았기 때문이오. 순순히 내 땅
을 내놓으시오. 그러면 돌아가겠소."
14-27 입다가 암몬 사람의 왕에게 다시 전령을 보내 메시지를
전했다. "입다의 말입니다. '이스라엘은 모압 땅과 암몬 땅
을 빼앗지 않았습니다. 이집트에서 올라올 때 이스라엘은
사막을 가로질러 홍해까지 갔고, 가데스에 이르렀습니다.
거기서 에돔 왕에게 전령을 보내어 "부디 우리를 당신의 땅
으로 지나가게 해주십시오" 하고 말했지만, 에돔 왕은 그 요
청을 들어주지 않았습니다. 이스라엘은 모압 왕에게도 승낙
을 구했으나, 그도 지나가게 해주지 않았습니다. 이스라엘
은 가데스에서 발이 묶였습니다. 그래서 이스라엘은 사막을
가로지르고 에돔 땅과 모압 땅을 돌아서 왔습니다. 이스라
엘은 모압 땅 동쪽으로 나와 아르논 맞은편에 진을 쳤습니
다. 아르논은 모압의 경계여서, 모압 영토에는 한 발짝도 들
어가지 않았습니다. 그 후에 이스라엘은 수도 헤스본에 있
는 아모리 왕 시혼에게 전령을 보내어, "우리 땅으로 가는
길에 부디 당신의 땅을 지나가게 해주십시오" 하고 부탁했
습니다. 그러나 이스라엘을 믿지 못한 시혼은 자기네 땅을
통과하도록 허락하지 않았고, 오히려 온 군대를 모아 야하

스에 진을 치고 이스라엘과 싸웠습니다. 그러나 **하나님** 이
스라엘의 하나님께서 시혼과 그의 온 군대를 이스라엘의 손
에 넘겨주셨습니다. 이스라엘은 그들을 물리치고, 아르논에
서 얍복 강까지 그리고 사막에서 요단 강까지 아모리의 모
든 땅을 차지했습니다. **하나님** 이스라엘의 하나님께서 이
스라엘을 위해 아모리 사람을 몰아내셨습니다. 그런데 당신
이 누구이기에 그것을 빼앗으려고 합니까? 어째서 당신의
신 그모스가 주는 것으로 만족하지 못합니까? 당신이 그것
으로 만족한다면 우리도 **하나님** 우리 하나님께서 주시는 것
으로 만족할 것입니다. 당신이 모압 왕 십볼의 아들 발락보
다 잘될 것 같습니까? 이스라엘에 대항하던 그에게 과연 성
과가 있었습니까? 그가 감히 전쟁을 벌였습니까? 지금까지
이스라엘이 헤스본과 그 주변 마을들, 아로엘과 그 주변 마
을들, 아르논을 따라 난 주변 모든 마을에서 살아온 세월이
어언 삼백 년인데, 당신은 왜 여태까지 그곳들을 빼앗으려
하지 않았습니까? 내가 당신한테 잘못한 것이 없는데도 당
신이 나한테 이렇게 싸움을 거는 것은 악한 일입니다. 재판
장이신 **하나님**께서 오늘 이스라엘 백성과 암몬 백성 사이에
서 판단하실 것입니다.'"

28 그러나 암몬 사람의 왕은 입다가 전한 말을 들으려 하지
않았다.

29-31 **하나님**의 영이 입다에게 임하셨다. 입다가 길르앗과 므

낫세를 가로지르고 길르앗의 미스바를 지나, 거기서 암몬
사람에게 접근했다. 입다가 **하나님** 앞에 서원했다. "주께서
제게 확실한 승리를 주셔서 암몬 사람을 이기게 하시면, 제
가 무사히 돌아올 때에 제 집 문에서 저를 맞으러 나오는 것
을 **하나님**께 드리겠습니다. 그것이 무엇이 되었든 상관없습
니다. 그것을 희생 번제로 바치겠습니다."
32-33 입다가 나가서 암몬 사람과 싸웠다. **하나님**께서 암몬
사람을 그의 손에 넘겨주셨다. 입다가 아로엘에서부터 민닛
주변 지역 그리고 멀리 아벨그라밈까지, 스무 개 성읍을 쳐
서 크게 이겼다! 그야말로 진멸이었다! 암몬 사람은 이스라
엘 백성에게 항복했다.
34-35 입다가 미스바에 있는 집으로 돌아오자, 그의 딸이 집
에서 달려나와 탬버린을 들고 춤추며 그의 귀향을 환영했
다! 그녀는 입다의 외동딸이었다. 그녀 말고는 그에게 아들
도 없고 딸도 없었다. 입다는 그를 맞으러 누가 나왔는지 알
고서, 자기 옷을 찢으며 말했다. "아, 사랑하는 내 딸아, 내
처지가 비참하게 되었구나. 내 마음이 갈기갈기 찢어진다.
내가 **하나님**께 서원했으니 이제 와서 되돌릴 수도 없구나!"
36 딸이 말했다. "사랑하는 아버지, **하나님**께 서원하셨으면,
아버지가 서원하신 대로 행하십시오. **하나님**께서는 그분의
일을 행하심으로 원수 암몬에게서 아버지를 구원하지 않으
셨습니까!"
37 딸이 아버지에게 말했다. "하지만 제게 한 가지만 허락해

주십시오. 저는 영영 결혼하지 못할 테니 제게 두 달만 주셔
서, 친한 친구들과 함께 산속으로 들어가 처녀로 죽는 제 처
지를 슬퍼하게 해주십시오."
38-39 "그래, 그렇게 하거라." 입다는 두 달 동안 말미를 주어
딸을 떠나보냈다. 딸은 친한 친구들과 함께 산속으로 들어
가서 자기가 영영 결혼하지 못하고 처녀로 죽는 것을 슬퍼
했다. 두 달이 지나 딸은 아버지에게 돌아왔다. 그는 자신이
서원한 대로 딸에게 행했다. 그 딸은 한 번도 남자와 잠자리
를 같이한 적이 없었다.
39-40 이후 이스라엘에는 해마다 나흘 동안 이스라엘의 젊은
여자들이 나가서 길르앗 사람 입다의 딸을 애도하는 풍습이
생겼다.

12 1 에브라임 사람들이 군대를 소집하여 사본으로
건너와서 입다에게 말했다. "당신은 암몬 사람
과 싸우러 가면서 어찌하여 우리에게 함께 가자고 하지 않
았소? 우리가 당신과 당신의 집을 불살라 버리겠소."
2-3 입다가 말했다. "나와 내 백성은 암몬 사람과 협상하느라
정신이 없었습니다. 게다가 여러분께 도움을 청했지만 여러
분이 나를 무시했습니다. 여러분이 오지 않아 나는 혼자 목
숨 걸고 암몬 사람과 맞서 싸웠습니다. **하나님**께서 그들을
내게 넘겨주셨습니다! 그런데 여러분은 어찌하여 오늘 여

기에 나타났습니까? 나와 싸우고 싶어 안달이 난 겁니까?"
4 입다는 자신의 길르앗 군대를 모아 에브라임과 싸웠다. 길
르앗 사람들은 에브라임을 맹렬히 공격했다. 그들은 "길르
앗 사람은 혼혈아에 지나지 않으며 에브라임과 므낫세에게
버림받은 자들이다"라는 말을 들어 왔다.
5-6 길르앗은 에브라임으로 건너가는 요단 강 여울목을 장악
했다. 도망치는 에브라임 사람이 강을 건너가겠다고 하면,
길르앗 사람들은 "에브라임 사람이냐?" 하고 물었다. 그가
"아니다"라고 하면 그들은 "쉬볼렛이라고 말해 보라"고 했
다. 하지만 에브라임 사람은 언제나 "시볼렛"이라고 하여 제
대로 발음하지 못했다. 그러면 그들은 그를 잡아다가 거기
요단 강 여울목에서 죽였다. 그 일로 에브라임의 마흔두 개
부대가 죽임을 당했다.
7 입다는 육 년 동안 이스라엘의 사사로 있었다. 길르앗 사
람 입다는 죽어서 그의 성읍 길르앗의 미스바에 묻혔다.

사사 입산

8-9 입다의 뒤를 이어 베들레헴의 입산이 이스라엘의 사사가
되었다. 그는 아들과 딸이 각각 서른 명씩 있었는데, 딸들을
다른 가문으로 시집보냈고 며느리들도 다른 가문에서 얻었다.
10 그는 칠 년 동안 이스라엘의 사사로 있었다. 입산은 죽어
서 베들레헴에 묻혔다.

사사 엘론

11-12 입산 후에 스불론 사람 엘론이 이스라엘의 사사가 되어, 십 년 동안 다스렸다. 스불론 사람 엘론은 죽어서 스불론 땅 아얄론에 묻혔다.

사사 압돈

13-15 엘론 후에, 비라돈 사람 힐렐의 아들 압돈이 이스라엘의 사사가 되었다. 그는 아들 마흔 명과 손자 서른 명이 있었는데, 그들은 나귀 일흔 마리를 탔다. 그는 팔 년 동안 이스라엘의 사사로 있었다. 비라돈 사람 힐렐의 아들 압돈은 죽어서 아말렉 사람의 산지에 있는 에브라임 땅 비라돈에 묻혔다.

사사 삼손

13 1 그 후에 이스라엘 백성이 또다시 **하나님** 보시기에 악을 행했다. **하나님**께서 사십 년 동안 그들을 블레셋 사람의 지배를 받게 하셨다.
2-5 그때 소라 땅에 단 지파 출신의 마노아라는 사람이 있었다. 그의 아내는 임신하지 못하여 자녀가 없었다. 하나님의 천사가 그녀에게 나타나 말했다. "네가 임신하지 못하여 자녀가 없다는 것을 내가 안다. 그러나 이제 네가 임신하여 아들을 낳을 것이다. 그러니 아주 조심해야 한다. 포도주나 맥주를 마시지 말고, 부정한 것은 어떤 것도 먹지 마라. 실제

로, 너는 이제 바로 임신하여 아들을 품게 될 것이다. 그의
머리에 면도칼을 대서는 안된다. 그 아이는 태어나는 순간
부터 하나님의 나실인이 될 것이다. 그가 블레셋의 압제에
서 이스라엘을 구원하는 일을 시작할 것이다."
6-7 여인은 남편에게 가서 말했다. "하나님의 사람이 내게 왔
는데, 두려우면서도 영광이 감도는 것이, 꼭 하나님의 천사
같았어요! 미처 그분이 어디서 왔는지 묻지 못했는데, 그분
도 내게 이름을 말해 주지 않았어요. 하지만 그분이 이런 말
을 했어요. '네가 임신하여 아들을 낳을 것이다. 포도주나
맥주를 마시지 말고, 부정한 것은 어떤 것도 먹지 마라. 그
아이는 태어나는 순간부터 죽는 날까지 하나님의 나실인이
될 것이다.'"
8 마노아가 **하나님**께 기도했다. "주님, 우리에게 보내신 하
나님의 사람을 다시 보내 주셔서, 앞으로 태어날 이 아이를
어떻게 길러야 할지 우리에게 가르쳐 주십시오."
9-10 하나님께서 마노아의 말을 들으셨다. 하나님의 천사가
그 여인에게 다시 왔다. 여인은 밭에 앉아 있었고 남편 마노
아는 그곳에 함께 있지 않았다. 그녀가 벌떡 일어나 남편에
게 달려가서 말했다. "다시 왔어요! 그날 내게 왔던 그분 말
이에요!"
11 마노아가 일어나 아내를 따라 그 사람에게 갔다. 그리
고 그에게 말했다. "당신이 제 아내에게 말씀한 그분이십니
까?"

그가 말했다. "그렇다."
12 마노아가 말했다. "그렇군요. 당신이 말씀한 대로 이루어
질 때에, 이 아이에 대해 또 이 아이가 할 일에 대해 우리에
게 해줄 말씀이 무엇입니까?"
13-14 하나님의 천사가 마노아에게 말했다. "내가 여인에게
일러 준 모든 말을 명심하여라. 포도나무에서 난 것은 아무
것도 먹지 마라. 포도주나 맥주를 마시지 말고, 부정한 음식
은 어떤 것도 먹지 마라. 그녀는 내가 명령한 것을 모두 지
켜야 한다."
15 마노아가 하나님의 천사에게 말했다. "조금만 더 우리와
함께 계십시오. 당신을 위해 새끼 염소 한 마리를 잡아 올리
겠습니다."
16 **하나님**의 천사가 마노아에게 말했다. "좀 더 머무를 수야
있겠지만, 너의 음식을 먹지는 않을 것이다. 그러나 **하나님**
을 위해서 번제물을 준비하여 바치고 싶거든 어서 바쳐라!"
마노아는 자기가 하나님의 천사에게 말하고 있는 줄은 꿈에
도 몰랐다.
17 그래서 마노아가 하나님의 천사에게 물었다. "당신의 이
름이 무엇입니까? 당신의 말씀이 이루어질 때에, 우리가 당
신을 높이고 싶습니다."
18 **하나님**의 천사가 말했다. "어찌하여 내 이름을 묻느냐?
너무 놀라워서, 네가 이해하지 못할 것이다."
19-21 마노아는 새끼 염소 한 마리와 곡식 제물을 가져다가,

놀라운 일을 행하시는 **하나님**께 바위 제단 위에서 제물로 바쳤다. 제단에서 하늘로 불꽃이 솟아오르면서 **하나님**의 천사도 제단 불꽃을 타고 올라갔다. 마노아와 그의 아내는 그것을 보고 바닥에 얼굴을 대고 엎드렸다. 이후 그들은 다시는 **하나님**의 천사를 보지 못했다.

21-22 그제야 마노아는 그가 **하나님**의 천사인 것을 깨달았다. 그가 아내에게 말했다. "이제 우리는 죽은 목숨이오! 하나님을 보았으니 말이오!"

23 그러자 그의 아내가 말했다. "**하나님**께서 우리를 죽이실 작정이셨으면 번제물과 곡식 제물을 받지 않으셨을 테고, 아이가 내어나리라고 이 모든 것을 계시해 주지도 않으셨을 겁니다."

24-25 여인이 아들을 낳자, 그들이 그의 이름을 삼손이라고 지었다. 아이가 자랄 때에 **하나님**께서 그에게 복을 주셨다. 그가 소라와 에스다올 사이에 있는 단 지파의 진에 머물 때에 **하나님**의 영이 그 안에서 역사하기 시작하셨다.

14

1-2 삼손이 딤나로 내려갔다. 그곳 딤나에 그의 눈을 끄는 여자가 있었는데, 블레셋 처녀였다. 그가 돌아와 아버지와 어머니에게 말했다. "딤나에서 여자를 보았는데, 블레셋 처녀입니다. 그 여자를 아내로 얻어 주십시오."

3 그러자 그의 부모가 말했다. "우리 백성이 사는 이 근방 처
녀들 가운데는 여자가 없더냐? 꼭 할례 받지 않은 블레셋
사람에게서 아내를 얻어야 되겠느냐?"
그러나 삼손은 아버지에게 말했다. "그 여자를 얻어 주십시
오. 그 여자야말로 제가 원하는 사람, 제 짝입니다."
4 (삼손의 아버지와 어머니는 이 일 배후에 **하나님**이 계신 것과,
그분이 이 일을 블레셋 사람을 치실 계기로 삼고자 하시는 것을
몰랐다. 당시에는 블레셋 사람이 이스라엘을 지배하고 있었다.)
5-6 삼손은 아버지와 어머니와 함께 딤나로 내려갔다. 그가
딤나의 포도원에 이르렀을 때, 어린 사자가 으르렁거리며
그에게 덤벼들었다. **하나님**의 영이 삼손에게 강하게 임하셔
서, 그는 염소 새끼를 찢듯이 맨손으로 사자를 잡아 찢었다.
그러나 그는 자신이 한 일을 부모에게 말하지 않았다.
7 삼손은 그 길로 내려가 그 여자와 이야기를 나누었다. 그
의 눈에는 그 여자가 바로 자기 짝으로 보였다.
8-9 며칠 후에 다시 여자를 데리러 가면서, 그는 그 사자가
어떻게 되었는지 보려고 길을 돌아서 갔다. 그런데 신기한
일이 벌어지고 있었다. 사자의 주검에 벌 떼가 우글거리고
그 안에 꿀이 있었던 것이다! 그는 손으로 꿀을 떠 가지고
길을 가면서 그 꿀을 먹었다. 그는 꿀 얼마를 아버지와 어머
니에게도 가져다주어 먹게 했다. 그러나 그 꿀을 사자의 주
검에서 떠왔다는 말은 하지 않았다.
10-11 그의 아버지가 내려가 그 여자와 결혼 일정을 잡는 동

안, 삼손은 거기서 잔치를 벌였다. 당시에 젊은 남자들은 그
렇게 했다. 블레셋 사람들은 삼손을 경계하여, 서른 명을 구
해다가 그의 친구로 삼고 함께 어울리게 했다.
12-13 삼손이 그들에게 말했다. "내가 당신들에게 수수께끼
를 하나 내겠소. 잔치가 계속되는 칠 일 동안 당신들이 답을
알아맞히면 내가 당신들에게 베옷 서른 벌과 좋은 겉옷 서
른 벌을 주겠소. 그러나 알아맞히지 못하면 당신들이 나에
게 베옷 서른 벌과 좋은 겉옷 서른 벌을 주어야 하오."
13-14 그들이 말했다. "좋소. 어디 한번 들어 봅시다." 그래서
삼손이 수수께끼를 내놓았다.

먹는 자에게서 먹을 것이 나오고
힘센 자에게서 단 것이 나왔다.

14-15 그러나 그들은 알아맞히지 못했다. 사흘이 지나도록 그
들은 여전히 쩔쩔매고 있었다. 나흘째 되는 날에 그들은 삼
손의 신부에게 말했다. "당신 남편에게서 답을 캐내시오.
그렇지 않으면 우리가 당신과 당신 아버지의 집을 불살라
버리겠소. 우리를 빈털터리로 만들려고 여기로 초대한 거
요?"
16 그래서 삼손의 신부는 눈물을 흘리며 삼손에게 말했다.
"당신은 나를 미워하고 사랑하지 않아요. 우리 민족에게 수
수께끼를 내놓고는 나한테 답을 말해 주지도 않잖아요."

그가 말했다. "내 부모한테도 말하지 않았는데 어떻게 그대
에게 말할 수 있겠소?"
17 그러나 그녀는 잔치하는 칠 일 내내 울음을 그치지 않았
다. 그녀의 괴롭힘에 지친 삼손은 결국 칠 일째 되던 날에
그녀에게 답을 말해 버렸다. 그러자 그녀는 가서 자기 민족
에게 그 답을 알려 주었다.
18 칠 일째 되던 날 해 지기 전에 성읍 사람들이 그에게 와서
말했다.

꿀보다 단 것이 무엇이며
사자보다 힘센 것이 무엇이겠소?

그러자 삼손이 말했다.

당신들이 내 여자에게서 캐내지 않았다면
내 수수께끼를 알아맞히지 못했을 것이오.

19-20 그때 **하나님**의 영이 삼손에게 강하게 임하셨다. 그는
아스글론에 내려가서 그곳 사람 서른 명을 죽이고 그들의
옷을 벗겨 수수께끼를 푼 사람들에게 주었다. 그는 화가 머
리끝까지 나서 성큼성큼 걸어 나가 자기 아버지 집으로 가
버렸다. 삼손의 신부는 그의 결혼식에서 신랑 들러리를 섰
던 사람의 아내가 되었다.

15

1-2 얼마 후 밀을 추수할 때에 삼손은 새끼 염소
한 마리를 가지고 자기 신부를 찾아갔다. 그가
말했다. "내 아내를 보아야겠소. 아내의 침실을 알려 주시
오."
그러나 여자의 아버지가 그를 들이려고 하지 않았다. 그가
말했다. "나는 지금쯤이면 자네가 내 딸을 지독히 미워하리
라 생각해서, 그 아이를 신랑 들러리로 온 사람에게 주었네.
하지만 그 밑의 여동생이 더 예쁘니, 그 애를 아내로 맞으면
어떻겠는가?"
3 삼손이 말했다. "더는 못 참겠소. 이번에는 내가 블레셋 사
람들을 쳐부수어도 내 잘못이 아니오."
4-5 삼손은 나가서 여우 삼백 마리를 잡았다. 그리고 한 쌍씩
꼬리를 서로 묶고, 꼬리 사이에 횃불을 달았다. 그러고는 여
우를 블레셋 사람의 무르익은 곡식 밭에 풀어 놓았다. 모든
것이 불타 버렸다. 베어 놓은 곡식단과 아직 베지 않은 곡
식, 포도원과 올리브 과수원까지 불타 버렸다.
6 블레셋 사람들이 말했다. "이게 누구의 짓이냐?"
그들은 "딤나 사람의 사위 삼손이, 그의 장인이 신부를 빼앗아
신랑 들러리에게 준 것을 알고 이렇게 했다"는 말을 들었다.
블레셋 사람들이 올라가서 그 여자와 아버지를 둘 다 불살
라 죽였다.

7 그러자 삼손이 말했다. "너희가 이런 식이라면, 맹세코 나
도 너희에게 똑같이 되갚아 주겠다. 그러기 전에는 가만있
지 않을 것이다!"
8 그 말이 끝나자마자, 삼손은 닥치는 대로 그들을 마구 찢
어 죽였다. 엄청난 살육이었다. 그 후에 그는 에담 바위의
동굴로 내려가 그곳에 머물렀다.

9-10 블레셋 사람이 나와서 유다에 진을 치고 레히(턱뼈)를 공
격하려고 했다. 유다 사람들이 "무엇 때문에 우리를 치러 올
라온 것이오?" 하고 묻자, 그들은 "우리는 삼손을 잡으러 왔
소. 삼손이 우리에게 행한 대로 우리도 되갚아 주려고 그를
쫓고 있는 것이오" 하고 말했다.
11 유다 사람 세 개 부대가 에담 바위 동굴로 내려가 삼손
에게 말했다. "블레셋 사람이 이미 우리를 괴롭히고 우리
위에 군림하고 있는 것을 당신도 잘 알지 않소? 그런데도
당신이 사태를 더 악화시키고 있으니 어찌 된 일이오?"
그가 말했다. "앙갚음을 한 것이오. 그들이 내게 한 대로 내
가 되갚아 준 것뿐이오."
12 그들이 말했다. "어쨌든 우리는 당신을 묶어 블레셋 사람
에게 넘겨주려고 여기로 내려왔소."
삼손이 말했다. "나를 해치지 않겠다고만 약속하시오."
13 그들이 말했다. "약속하오. 우리는 그저 당신을 묶어 그

들에게 넘겨줄 뿐 당신을 죽일 생각은 전혀 없소. 우리를 믿
으시오." 곧이어 그들은 새 밧줄로 그를 묶어 바위에서 이끌
고 올라갔다.
14-16 삼손이 레히에 다다르자, 블레셋 사람이 승리의 함성
을 지르며 그를 맞이했다. 그때 **하나님**의 영이 큰 능력으
로 그에게 임하셨다. 그의 팔뚝 위의 밧줄이 마치 삼이 불
에 타듯 떨어져 나가고, 그의 손에서 끈이 벗겨졌다. 삼손
은 마침 거기에 죽은 지 얼마 안된 나귀의 턱뼈가 있는 것
을 보고는, 손을 뻗어 집어 들고 그것으로 블레셋 사람들
을 모조리 죽였다. 그러고 나서 말했다.

나귀의 턱뼈로
그들을 나귀 더미로 만들어 버렸다.
나귀의 턱뼈로
부대를 모조리 다 죽여 버렸다.

17 이렇게 외치고 나서 삼손은 턱뼈를 던져 버렸다. 그는 그
곳을 라맛레히(턱뼈 언덕)라고 불렀다.
18-19 삼손은 갑자기 목이 몹시 말랐다. 그는 **하나님**께 부르
짖었다. "주께서 주님의 종에게 이 큰 승리를 주셨습니다.
그런데 이제 저를 목말라 죽게 하셔서 저 할례 받지 못한 자
들의 손에 넘기시렵니까?" 그러자 하나님께서 레히의 오목
한 바위를 터뜨리셨다. 그곳에서 물이 솟아 나와 삼손은 그

물을 마시고 기운을 되찾았다. 그가 다시 살아났다! 그래서 그곳을 엔학고레(부르짖는 자의 샘)라고 불렀다. 그 샘은 오늘까지 레히에 그대로 있다.
20 삼손은 블레셋 사람이 다스리던 시대에 이십 년 동안 이스라엘의 사사로 있었다.

16 1-2 삼손이 가사로 가서 한 창녀를 보고, 그녀에게 갔다. "삼손이 여기 있다"는 소식이 퍼졌다. 사람들이 그곳을 에워싸고 "동틀 무렵 그를 없애 버리자" 작정하고는 몰래 숨어들었다. 밤새 쥐 죽은 듯 조용히 성문에서 그를 기다렸다.
3 삼손은 밤늦게까지 그 여자와 함께 자다가 일어나서, 성문 양쪽 문짝과 두 기둥과 빗장까지 통째로 떼어 내어 어깨에 메고는, 헤브론 맞은편 언덕 꼭대기로 가져가 버렸다.

4-5 얼마 후에 삼손이 소렉(포도) 골짜기에 사는 한 여자와 사랑에 빠졌다. 여자의 이름은 들릴라였다. 블레셋 군주들이 그녀에게 접근하여 말했다. "그를 꾀어서, 그 엄청난 힘이 어디서 나오며 어떻게 하면 우리가 그를 결박해 꺾을 수 있는지 알아내거라. 그러면 우리가 각각 네게 은 백 세겔씩을 주겠다."

6 들릴라가 삼손에게 물었다. "당신의 엄청난 힘이 어디서
나오는지 그 비밀을 말해 주세요. 어떻게 하면 당신을 꼼짝
못하게 할 수 있는지 내게 말해 주세요."
7 삼손이 그녀에게 말했다. "짐승의 마르지 않은 새 힘줄로
만든 활시위 일곱 줄로 나를 묶으면, 나도 여느 사람처럼 약
해질 것이오."
8-9 블레셋 군주들이 마르지 않은 활시위 일곱 줄을 가져다
주자, 그녀는 그것으로 삼손을 묶었다. 사람들은 그녀의
방에 숨어 기다렸다. 그때 여자가 "삼손, 블레셋 사람들이
당신을 잡으러 왔어요!" 하고 말했다. 그러자 삼손은 마치
실을 끊듯이 묶은 줄을 끊어 버렸다. 그 힘의 근원은 여전히
비밀로 남았다.
10 들릴라가 말했다. "이봐요, 삼손. 당신은 나를 놀렸군요.
거짓말을 하고 있어요. 자, 어떻게 하면 당신을 묶을 수 있
는지 말해 주세요."
11 삼손이 그녀에게 말했다. "한 번도 사용한 적 없는 새 밧
줄로 나를 꽁꽁 묶으면, 나도 여느 사람처럼 힘이 없어질 것
이오."
12 그래서 들릴라는 새 밧줄을 구해서 그를 묶었다. 그러고
는 "삼손, 블레셋 사람들이 당신을 잡으러 왔어요!" 하고 소
리쳤다. 그 사람들은 옆방에 숨어 있었다. 그는 팔뚝의 밧줄
을 실을 끊듯이 끊어 버렸다.
13-14 들릴라가 삼손에게 말했다. "당신은 아직도 거짓말로

나를 놀리고 있어요. 어떻게 하면 당신을 묶을 수 있는지 말
해 주세요."
삼손이 그녀에게 말했다. "일곱 가닥으로 땋은 내 머리털을
베틀로 천에 짜 넣고 팽팽히 잡아당기면, 나도 여느 다른 인
간처럼 힘이 없어질 것이오."
들릴라는 그를 곤히 잠들게 하고는, 일곱 가닥으로 땋은 그
의 머리털을 잡고서 베틀로 천에 짜 넣은 뒤에 팽팽히 잡아
당겼다. 그러고는 "삼손, 블레셋 사람들이 당신을 잡으러
왔어요!" 하고 말했다. 그러자 삼손이 잠에서 깨어 베틀과
천을 함께 뜯어냈다!
15 들릴라가 말했다. "당신은 나를 믿지도 않으면서 어떻게
사랑한다고 말할 수 있어요? 당신이 그 큰 힘의 비밀은 내
게 말해 주지 않으면서, 고양이가 쥐한테 하듯이 나를 가지
고 논 게 벌써 세 번째예요."
16-17 들릴라는 날마다 끈질기게 졸라 대며 그를 괴롭혔다.
마침내 질려 버린 삼손은 더 이상 견딜 수 없게 되었다. 그
래서 속을 털어놓고 말았다.
삼손이 그녀에게 말했다. "나는 머리에 한 번도 면도칼을 댄
적이 없소. 나는 잉태되는 순간부터 하나님의 나실인이었
소. 내 머리털을 밀면 나는 힘이 빠지고 무력해져서 여느 인
간과 다를 바 없게 될 것이오."
18 들릴라는 그가 자신에게 비밀을 털어놓은 것을 알고는,
블레셋 군주들에게 사람을 보내어 말했다. "빨리 오십시오.

이번에는 그가 사실대로 말했습니다." 그러자 블레셋 군주
들이 뇌물로 줄 돈을 가지고 왔다.
19 들릴라는 삼손이 그녀의 무릎을 베고 잠들게 한 뒤에, 사
람을 불러 일곱 가닥으로 땋은 그의 머리털을 자르게 했다.
그러자 곧바로 그의 힘이 약해지더니, 몸에서 모든 힘이 빠
져나갔다.
20 그녀가 말했다. "삼손, 블레셋 사람들이 당신을 잡으러
왔어요!" 삼손은 잠에서 깨어 "이번에도 내가 나가 힘을 쓰
리라" 하고 생각했지만, **하나님**께서 그를 떠나신 것을 깨닫
지 못했다.
21-22 블레셋 사람들이 그를 잡아서 두 눈을 뽑고, 가사로 끌
고 내려갔다. 그들은 삼손에게 쇠고랑을 채워 감옥에서 맷
돌 가는 일을 시켰다. 그러나 그의 잘린 머리털은 다시 자라
기 시작했다.
23-24 블레셋 군주들이 함께 모여 그들의 신 다곤에게 큰 제
사를 드렸다. 그들은 즐거워하며 말했다.

우리의 신이
원수 삼손을 넘겨주셨다!

이를 본 백성도 함께 자기네 신을 찬양했다.

우리의 신이

원수를 넘겨주셨다.
우리 땅을 유린하고 우리 가운데
시체를 높이 쌓은 자를 넘겨주셨다.

25-27 그렇게 흥이 무르익을 무렵, 누군가가 말했다. "삼손을
데려와라! 어디 실력 한번 보자!" 그들이 감옥에서 삼손을
데려왔고 그가 그들 앞에서 재주를 부렸다.
그들은 삼손을 두 기둥 사이에 세웠다. 삼손은 자기 길잡이
노릇을 하는 젊은이에게 말했다. "신전을 떠받치고 있는 기
둥을 만질 수 있게 나를 데려다 다오. 내가 기둥에 좀 기대
야겠다." 신전 안은 블레셋의 모든 군주를 비롯해 사람들로
가득 차 있었다. 관람석에서 삼손을 구경하는 사람들이 적
어도 삼천 명은 되었다.
28 그때 삼손이 **하나님**께 부르짖었다.

주 **하나님**!
저를 다시 한번 헤아려 주십시오.
부디 한 번만 더 제게 힘을 주십시오.

하나님!
제 두 눈을 뽑은 블레셋 놈들에게
단번에 원수를 갚게 해주십시오!

29-30 그런 다음 삼손은 건물을 떠받치고 있는 중앙의 두 기
둥에 이르러, 하나는 오른손으로 다른 하나는 왼손으로 밀
기 시작했다. 삼손이 "나를 블레셋 사람들과 함께 죽게 해주
십시오" 하고 부르짖으며 있는 힘을 다해 두 기둥을 밀어 내
니, 신전 안에 있던 군주들과 온 백성 위로 그 건물이 무너
져 내렸다. 삼손이 죽으면서 죽인 사람이, 그가 살았을 때
죽인 사람보다 더 많았다.

31 삼손의 형제들과 친척이 내려가 그의 시신을 거두었다.
그들은 시신을 메고 돌아와 소라와 에스다올 사이에 있는
그의 아버지 마노아의 무덤에 묻었다.
삼손은 이십 년 동안 이스라엘의 사사로 있었다.

미가

17 1-2 에브라임 산지에 미가라는 사람이 있었다.
그가 자기 어머니에게 말했다. "어머니가 잃어
버린 은화 1,100개를 기억하시지요? 어머니가 그 일로 저
주하실 때 제가 옆에서 들었습니다. 그런데 그 돈이 제게
있습니다. 제가 훔친 것입니다. 하지만 이제 어머니에게
다시 가져왔습니다."
그의 어머니가 말했다. "내 아들아, **하나님**께서 네게 복 주
시기를 원한다!"

3-4 미가가 어머니에게 은화 1,100개를 돌려주자, 그의 어
머니가 말했다. "이 돈은 내 아들로 하여금 신상을 만들게
하려고 내가 **하나님**께 온전히 바쳤던 것이다." 그녀가 은화
200개를 가져다가 조각하는 사람에게 주었더니, 그가 그것
을 주조하여 신상을 만들었다.
5 이 사람 미가에게는 개인 예배실이 있었다. 그는 에봇과
드라빔 우상을 만들고, 아들 가운데 한 명을 자기 집의 제사
장으로 세웠다.
6 그때에는 이스라엘에 왕이 없었다. 사람들은 무엇이든 자
기 마음에 원하는 대로 행했다.

7-8 한편, 유다 땅 베들레헴에 유다 집안 출신의 한 젊은이가
있었다. 그는 레위인이었으나 그곳에서는 나그네였다. 그는
출셋길을 찾아 유다 땅 베들레헴 성읍을 떠났다. 그는 에브
라임 산지까지 와서 미가의 집에 이르렀다.
9 미가가 그에게 물었다. "당신은 어디서 오는 길이오?"
그가 말했다. "나는 유다 땅 베들레헴에 사는 레위인입니
다. 정착할 곳을 찾아 떠도는 중입니다."
10 미가가 말했다. "나와 함께 여기 머물면서, 내 어른이 되
어 주고 제사장이 되어 주시오. 내가 매년 은화 열 개를 주
고 필요한 옷과 식사를 제공하겠소."
11-12 레위인이 그 제안을 좋게 여겨 미가의 집에 살기로 했

다. 젊은이는 그 집에 잘 적응하여 한 가족처럼 되었다. 미가는 그 젊은 레위인을 자기 집의 제사장으로 삼았다. 이 모두가 미가의 집에서 일어난 일이다.

13 미가가 말했다. "레위인을 제사장으로 두었으니, 이제 하나님께서 내가 하는 일마다 틀림없이 잘되게 해주실 것이다."

18

1 그때에는 이스라엘에 왕이 없었다. 당시는 단 지파가 정착할 곳을 찾는 중이기도 했다. 그들은 아직 이스라엘 지파 중에서 자신들의 땅을 차지하지 못했다.

2-3 단 지파는 소라와 에스다올에서 건장한 용사 다섯 명을 보내어 땅을 살펴보고, 그곳에 그들 가문에 적합한 곳이 있는지 알아보게 했다. 그들이 말했다. "가서 땅을 살펴보고 오시오."

그들은 에브라임 산지로 들어가 미가의 집에까지 이르렀다. 그곳에 진을 치고 밤을 지냈다. 미가의 집에 가까이 갔을 때, 그들은 젊은 레위인의 목소리를 알아들었다. 그들이 소리 나는 쪽으로 가서 그에게 말했다. "도대체 당신이 어떻게 여기까지 왔습니까? 어찌 된 일입니까? 여기서 무엇을 하고 있습니까?"

4 그가 말했다. "어쩌다 보니 그렇게 되었습니다. 미가가 저를 고용하여 자기 집의 제사장으로 삼았습니다."

5 그들이 말했다. "그거 잘됐군요. 우리를 위해서 하나님께 물
어봐 주십시오. 우리의 사명이 과연 성공하겠는지 말입니다."
6 제사장이 말했다. "안심하고 가십시오. **하나님**께서 여러
분이 가는 길을 보살펴 주실 것입니다."
7 다섯 사람은 그곳을 떠나 북쪽 라이스로 향했다. 그들이
보니 그곳 사람들은 시돈 사람의 보호 아래 안전하게, 평온
하고 태평하게 살고 있었다. 아주 좋은 시절을 보내고 있었
다. 하지만 그 백성은 서쪽의 시돈 사람과 멀리 떨어져 살고
있었고, 동쪽으로는 아람 사람과 아무 조약도 맺지 않고 있
었다.
8 다섯 사람이 소라와 에스다올로 돌아오자, 그들의 형제들
이 물었다. "그곳 사정이 어떻소?"
9-10 그들이 말했다. "어서 가서 그들을 칩시다! 우리가 그
땅을 살펴보았는데, 정말 좋은 땅입니다. 팔짱만 끼고 앉아
있을 셈입니까? 꾸물거리지 말고 쳐들어가서 정복합시다!
여러분도 가 보면 알겠지만, 그들은 너무 태평스러운 나머
지 방심하고 있습니다. 드넓게 펼쳐진 땅, 여러분이 찾던 모
든 것이 다 있는 땅을 하나님께서 여러분에게 넘겨주실 것
입니다."

11-13 단 지파 사람 육백 명이 완전무장하고 소라와 에스다올
을 떠났다. 가는 길에 그들은 유다 땅 기럇여아림에 진을 쳤
다. 그래서 그곳이 오늘까지 단의 진이라고 불리는데, 기럇

여아림 바로 서쪽이었다. 거기서 그들은 에브라임 산지로
진행하여 미가의 집에 이르렀다.
14 전에 라이스 땅을 정탐했던 다섯 사람이 동료들에게 말했
다. "이 집 안에 에봇과 드라빔 우상과 주조해 만든 신상이
있다는 것을 알고 있소? 어떻게 생각하시오? 그걸 어떻게
해보지 않겠소?"
15-18 그래서 그들은 길에서 벗어나, 미가의 집안에 있는 젊
은 레위인의 집으로 가서 그에게 안부를 물었다. 중무장한
단 지파 사람 육백 명이 문 입구를 지키고 있는 동안, 그 땅
을 살펴보러 갔던 정탐꾼 다섯 명이 안으로 들어가 새긴 우
상과 에봇과 드라빔 우상과 신상을 챙겼다. 제사장은 육백
명의 무장한 군인들과 함께 문 입구에 서 있었다. 다섯 사
람이 미가의 집에 들어가서 새긴 우상과 에봇과 드라빔 우
상과 신상을 가져가려고 하자, 제사장이 그들에게 말했다.
"지금 뭐하는 겁니까?"
19 그들이 그에게 말했다. "쉿! 아무 소리 마시오. 우리와 함
께 갑시다. 우리의 어른과 제사장이 되어 주시오. 한 사람의
제사장이 되는 것과 이스라엘의 한 지파와 그 가문 전체의
제사장이 되는 것 중에 어느 쪽이 더 중요한 일이겠소?"
20 제사장은 기회를 붙잡았다. 그는 에봇과 드라빔 우상과
새긴 우상을 가지고서 군인 무리에 합류했다.
21-23 그들은 발길을 돌려 아이들과 소 떼와 소유물을 앞세우
고 길을 떠났다. 그들이 미가의 집을 떠나 한참을 간 뒤에야

미가와 그 이웃들이 모였다. 그들은 곧 단 지파 사람들을 따
라잡았다. 그들이 단 지파 사람들에게 소리쳤다. 단 지파 사
람들이 돌아서서 말했다. "무슨 일로 이리 시끄러운 거요?"
24 미가가 말했다. "당신들이 내가 만든 내 신을 가져가고,
내 제사장도 데려가지 않았소! 내게 남은 게 뭐가 있소? 그
러면서 지금 '대체 무슨 일이냐?'고 말하는 것이오?"
25 그러자 단 지파 사람들이 대답했다. "우리한테 소리지르
지 마시오. 사납고 성질 급한 이 사람들을 공연히 자극했다
가는 당신들을 칠지도 모르오. 그렇게 되면 당신들은 떼죽
음을 당하게 될 거요."
26 단 지파 사람들은 계속해서 길을 갔다. 미가는 그들의 무
력 앞에 승산이 없음을 알고, 집으로 발길을 돌렸다.
27 단 지파 사람들은 미가가 만든 물건들과 함께 그의 제사
장을 데리고 라이스, 곧 평온하고 태평한 사람들이 사는 성
읍에 도착했다. 그들은 그곳 사람들을 모두 죽이고 성읍을
불태워 버렸다.
28-29 주변에 라이스를 도와주는 자가 아무도 없었다. 그들은
시돈에서 멀리 떨어져 있었고 아람 사람과도 아무 조약을
맺지 않은 터였다. 라이스는 벧르홉 골짜기에 있었다. 단 지
파는 성읍을 재건하고 이스라엘의 아들인 자기네 조상의 이
름을 따라 그곳을 단이라고 고쳐 불렀다. 그 성읍의 본래 이
름은 라이스였다.
30-31 단 지파는 자신들을 위해 훔쳐 온 신상을 세웠다. 훗날

그 땅을 빼앗길 때까지 모세의 손자요 게르솜의 아들인 요
나단과 그의 후손이 단 지파의 제사장이 되었다. 실로에 하
나님의 성소가 있는 동안, 줄곧 그들은 미가가 만든 신상을
자신들을 위해 그곳에 모셔 두었다.

한 레위인과 그의 첩

19 1-4 그때는 이스라엘에 왕이 없던 시절이었다. 에
브라임 산지의 산골에 나그네로 살고 있던 한 레
위인이 유다 땅 베들레헴에서 한 여자를 첩으로 들였다. 그
런데 그 여자는 그와 다투고 나가 유다 땅 베들레헴에 있는
친정아버지 집으로 돌아가서, 그곳에서 넉 달을 머물렀다.
남편은 그녀를 찾아가 마음을 돌려 보기로 했다. 그는 종 하
나와 나귀 두 마리를 데리고 갔다. 그가 여자의 아버지 집에
이르자, 여자의 아버지가 그를 보고 반기며 편하게 대해 주
었다. 여자의 아버지인 그의 장인이 그에게 좀 머물다 가라
고 강권하여, 그는 사흘을 함께 머물면서 즐겁게 먹고 마시
고 잤다.
5-6 나흘째 되는 날, 그들이 새벽같이 일어나 떠날 채비를 하
는데 여자의 아버지가 사위에게 말했다. "아침을 든든히 먹
고 기운을 차린 다음에 가게나." 그래서 그들은 자리에 앉아
서 함께 아침식사를 했다.
6-7 여자의 아버지가 그에게 말했다. "이보게, 더 있다 가게
나. 오늘 밤도 여기 있으면서 즐겁게 보내게." 그 사람은 가

려고 일어났지만 장인이 붙잡는 바람에 결국 하룻밤을 더
지내게 되었다.
8-9 닷새째 되는 날에도 그는 일찍 일어나서 떠나려고 했지
만, 여자의 아버지가 "아침밥을 좀 먹어야지" 하고 권했다.
그들이 우물쭈물하다가 함께 먹고 마시는 사이 어느새 하루
가 지나갔다. 하지만 그 사람과 그의 첩은 끝내 떠나려고 했
다. 그러자 여자의 아버지인 그의 장인이 말했다. "이보게,
날이 거의 저물었네. 여기서 밤을 지내는 게 어떤가? 해가
얼마 남지 않았으니, 하룻밤 더 머물면서 즐겁게 보내게. 내
일 일찍 출발하면 되지 않겠나."
10-11 그러나 그 사람은 하룻밤 더 머물 마음이 없었다. 그는
여장을 챙겨 길을 나섰고, 안장을 지운 나귀 두 마리와 첩과
종과 함께 여부스(예루살렘)에 이르렀다. 여부스에 이르자
날이 거의 저물었다. 종이 주인에게 말했다. "늦었으니, 여
기 여부스 사람의 성읍에 들어가서 밤을 지내야겠습니다."
12-13 그러나 주인이 말했다. "우리는 이방인들의 성읍에는 들
어가지 않는다. 기브아까지 마저 가자." 그는 종에게 지시했
다. "계속 가자꾸나. 기브아나 라마에서 밤을 지내야겠다."
14-15 그들은 계속해서 갔다. 그들이 걸음을 재촉하고 있는
데, 베냐민 지파에 속한 기브아 근처에서 마침내 해가 졌다.
그들은 기브아에서 밤을 보내려고 거기서 발길을 멈추었다.
15-17 레위인이 가서 성읍 광장에 앉아 있었으나, 그들을 맞
아들여 묵게 하는 사람이 아무도 없었다. 그때 저녁 늦게 한

노인이 하루 일을 마치고 밭에서 돌아왔다. 그는 에브라임
산지 출신이었는데, 기브아에서 잠시 살고 있었다. 그곳 주
민은 모두가 베냐민 사람이었다. 노인이 눈을 들어 성읍 광
장에 있는 여행자를 보고 말했다. "어디로 가는 길이오? 어
디서 오셨소?"
18-19 레위인이 말했다. "우리는 지나가는 나그네입니다. 베
들레헴을 떠나 에브라임 산지의 외진 곳으로 가는 길이지
요. 저는 그곳 사람입니다. 유다 땅 베들레헴에 갔다가 집으
로 돌아가는 길인데, 우리를 맞아들여 묵게 하는 사람이 없
군요. 우리가 폐를 끼치지는 않을 겁니다. 우리에게는 나귀
에게 먹일 여물과 짚이 있고, 이 여자와 젊은이와 제가 먹을
빵과 포도주도 있습니다. 더 필요한 것은 없습니다."
20-21 노인이 말했다. "걱정 마시오. 내가 당신들을 돌봐 주리
다. 성읍 광장에서 밤을 보낼 수야 없지 않겠소." 그는 그들
을 자기 집으로 들이고는 나귀에게 먹이를 주었다. 그들은
씻고 나서 잘 차려진 음식을 먹었다.
22 그들이 쉬면서 즐거운 시간을 보내고 있는데, 성읍 사람
들이 그 집을 에워싸고 문을 두드리기 시작했다. 모두 그 근
방의 불량배들이었다. 그들은 집주인인 노인에게 소리를 질
렀다. "당신 집에 온 사람을 내놓으시오. 우리가 그 사람과
관계를 해야겠소."
23-24 노인이 밖으로 나가서 그들에게 말했다. "형제들, 이러
지 마시오! 이 사람은 내게 온 손님이니, 그에게 음란한 짓

을 하지 마시오. 제발 악한 짓을 저지르지 마시오. 보시오.
여기 처녀인 내 딸과 이 사람의 첩을 내가 당신들에게 내놓
을 테니, 꼭 그래야겠다면 이들을 욕보이시오. 그러나 이 사
람한테는 극악무도한 짓을 하지 마시오."
25-26 그러나 무리는 그의 말을 들으려 하지 않았다. 결국 레
위인은 자기 첩을 문밖으로 떠밀어 그들에게 내주었다. 그
들은 밤새도록 여자를 욕보였다. 새벽 무렵에야 그들은 여
자를 놓아주었다. 여자는 돌아와서 자기 주인이 자고 있는
집 문 앞에 쓰러졌다. 해가 떴는데도 여자는 그 자리에 있었
다.
27 아침이 되었다. 여자의 주인이 일어나서 길을 가려고 문
을 열었다. 거기에 그의 첩이 두 손을 문지방에 걸친 채 문
앞에 쓰러져 있었다.
28 그가 "일어나시오. 갑시다"라고 말했지만 대답이 없었다.
29-30 그는 여자를 나귀에 싣고 집으로 향했다. 집에 와서 그
는 칼로 자기 첩의 팔다리를 잘라 열두 토막을 냈다. 그는
토막 낸 것을 이스라엘 땅 전역에 보냈다. 그리고 사람들을
보내면서 이렇게 일러 주었다. "이스라엘 모든 사람에게 말
하시오. '이스라엘 자손이 이집트 땅에서 올라온 이래로 지
금까지 이런 일이 한 번이라도 있었습니까? 이 일을 깊이
생각하고 논의해 주십시오! 무슨 조치든 취해 주십시오!'"

20

1-2 그러자 이스라엘 온 백성이 쏟아져 나왔다.
회중이 미스바에서 **하나님** 앞에 모였다. 단에서
브엘세바에 이르기까지 한 사람도 빠짐없이 모였다! 이스
라엘 모든 지파를 대표하는 백성의 지도자들이 하나님 백성
의 모임에 참석했다. 칼을 찬 보병부대가 사백 개였다.
3 한편, 베냐민 지파는 이스라엘 백성이 미스바에 모였다는
소식을 전해 들었다.
이스라엘 백성이 말했다. "이제 말해 보시오. 이 극악무도
한 일이 어떻게 벌어진 겁니까?"
4-7 살해당한 여자의 남편인 그 레위인이 대답했다. "내가 첩
과 함께 하룻밤 묵어가려고 베냐민 지파의 성읍인 기브아에
갔습니다. 그날 밤 기브아 사람들이 내 뒤를 쫓아와 내가 묵
고 있던 집을 에워싸고 나를 죽이려 했습니다. 그들이 내 첩
을 집단으로 욕보였고, 그 여자가 죽었습니다. 그래서 나는
그 여자의 주검을 가져와서 토막 내어, 이스라엘이 유산으
로 받은 땅 곳곳에 한 토막씩—열두 토막을!—보냈습니다.
이 악독한 범죄가 이스라엘에서 일어났습니다! 그러니 이
스라엘 자손 여러분, 마음을 정하십시오. 뭔가 대책을 세워
주십시오!"
8-11 그러자 온 백성이 일제히 일어났다. "우리 가운데 누구
도 집에 가지 않을 것입니다. 단 한 사람도 집으로 돌아가지
않을 것입니다. 우리는 기브아를 이렇게 처리할 생각입니
다. 우선 제비를 뽑아 기브아로 진격합니다. 이스라엘 모든

지파에서 백 명당 열 명을(천 명당 백 명, 만 명당 천 명을) 뽑
아 군 식량을 나르게 할 것입니다. 기브아에 도착하면 군대
는 이스라엘에서 벌어진 이 극악무도한 만행을 응징할 것입
니다." 이스라엘 모든 사람이 똘똘 뭉쳐서 그 성읍을 치려고
모였다.
12-13 이스라엘 지파들이 베냐민 온 지파에 전령을 보내 말했
다. "당신들의 땅에서 벌어진 극악무도한 이 일이 어찌 된
것이오? 기브아의 그 불량배들을 지금 당장 내놓으시오. 우
리가 그들을 죽여 이스라엘에서 악을 불살라 없앨 것이오."
13-16 그러나 베냐민 지파는 그렇게 할 마음이 없었다. 그들
은 자신들의 형제인 이스라엘 백성의 말을 듣지 않았다. 오
히려 그들은 이스라엘과 전쟁을 벌이려고 자신들의 모든 성
읍에서 군사를 일으켜 기브아에 집결시켰다. 순식간에 각
성읍에서 칼을 찬 보병 스물여섯 개 부대를 모았다. 또한 기
브아에서 최고의 용사 칠백 명을 뽑았다. 그 밖에도 양손을
다 쓰는 명사수 칠백 명이 있었는데, 이들이 물맷돌을 던지
면 머리카락 하나 놓치는 법이 없었다.
17 이스라엘 사람들은 베냐민 지파를 빼고도 칼을 찬 용사
사백 개 부대를 동원했다.

18 그들이 길을 떠나 베델로 가서 하나님께 여쭈었다. 이스
라엘 백성이 말했다. "우리 가운데 누가 먼저 가서 베냐민

지파와 싸워야 하겠습니까?"
하나님께서 말씀하셨다. "유다가 먼저 가거라."

19-21 이튿날 아침 이스라엘 백성이 일어나 기브아 앞에 진을
쳤다. 이스라엘 군이 베냐민과 싸우기 위해 진군하여 위치
를 정하고 막 기브아를 치려는 순간에, 기브아에서 베냐민
지파 사람들이 쏟아져 나와 이스라엘의 스물두 개 부대를
그 자리에서 전멸시켰다.
22-23 이스라엘 백성이 성소로 돌아와 저녁때까지 **하나님** 앞
에서 울었다. 그들이 **하나님**께 다시 여쭈었다. "우리가 다
시 가서 우리 형제 베냐민 지파와 싸워야 하겠습니까?"
하나님께서 말씀하셨다. "그렇다. 싸워라."
24-25 군대는 기운을 냈다. 이스라엘 사람들은 첫날 배치받았
던 위치로 다시 갔다.
둘째 날에 이스라엘 백성이 다시 베냐민을 치기 위해 진격
했다. 둘째 날에도 베냐민 지파 사람들이 성읍에서 나와 칼
솜씨가 뛰어난 이스라엘의 열여덟 개 부대를 전멸시켰다.
26 이스라엘 백성, 곧 온 군대가 베델에 돌아와 **하나님** 앞에
앉아서 울었다. 그날 그들은 저녁때까지 금식했다. 그리고
하나님 앞에 번제와 화목제를 드렸다.
27-28 그리고 나서 그들은 **하나님**께 다시 여쭈었다. 그때에
하나님의 언약궤가 베델에 있었고, 아론의 손자요 엘르아살
의 아들인 비느하스가 제사장으로 섬기며 그곳에 함께 있었

다. 그들이 여쭈었다. "우리가 또 진격하여 우리 형제인 베냐민 지파와 싸워야겠습니까? 아니면 여기서 끝내야겠습니까?"

그러자 **하나님**께서 말씀하셨다. "싸워라. 내일 내가 너희에게 승리를 줄 것이다."

29-31 이번에 이스라엘은 기브아 주위에 군사를 매복시켰다.
사흘째 되는 날에도 이스라엘이 나가서 베냐민 앞, 전과 똑같은 곳에 자리를 잡았다. 베냐민 지파 사람들이 나와서 군대와 맞서며 성읍 밖으로 밀고 나갔다. 베냐민 지파는 전처럼 이스라엘 병력을 쓰러뜨리기 시작했다. 들판에서, 베델과 기브아로 가는 길에서 서른 명 정도가 쓰러졌다.

32 베냐민 지파 사람은 "우리가 전처럼 그들을 파리 잡듯이
죽이고 있다!" 하고 떠벌리기 시작했다.

33 그러나 이스라엘 백성에게는 전략이 있었다. "우리가 후
퇴하여 그들을 성읍에서 큰길로 끌어내자." 그래서 이스라엘 사람 모두가 더 멀리 바알다말까지 나갔다. 그때 이스라엘 복병이 기브아 서쪽 지역에서 쏟아져 나왔다.

34-36 이스라엘 전체에서 뽑힌 열 개의 정예부대가 드디어
기브아에 이르렀다. 맹렬한 피의 전투였다! 베냐민 지파는 자신들이 패하여 무너질 줄은 꿈에도 생각하지 못했다. **하나님**께서 이스라엘 앞에서 그들을 패하게 하셨다. 이스라엘 백성은 그날 베냐민의 스물다섯 개 부대를 전멸시켰다. 25,100명이 죽었는데, 모두 칼솜씨가 뛰어난 자들이었다.

베냐민 지파는 자신들이 패한 것을 알았다.
이스라엘 사람들은 기브아에 매복시켜 둔 복병을 믿고, 베
냐민 앞에서 후퇴하는 척했던 것이다.
37-40 매복해 있던 군사들이 뛰어 나와서 기브아를 재빨리 해
치우고, 성읍 곳곳으로 퍼져 나가 성읍 주민을 모두 죽였다.
전략상 매복부대의 주력이 성읍에서 연기로 신호를 올리면,
이스라엘 사람들이 돌아서서 공격하기로 되어 있었다. 그즈
음 이미 이스라엘 사람 서른 명 정도를 죽인 베냐민은 자신
들이 곧 이길 줄 알고 "저들이 처음 전투 때처럼 달아난다!"
고 소리쳤다. 그때 성읍에서 거대한 연기기둥 신호가 올라
갔다. 베냐민 지파가 뒤돌아보니, 온 성읍이 연기에 휩싸여
있었다.
41-43 이스라엘 사람들이 돌아서서 공격하자 베냐민 사람들
이 무너져 내렸다. 자신들이 덫에 걸린 것을 알아차렸던 것
이다. 이스라엘 백성과 마주한 그들은 광야 길로 도망치려
했으나, 이미 사방이 전쟁터였다. 이스라엘 사람들이 성읍
에서 쏟아져 나와 그들을 닥치는 대로 죽이고, 뒤를 바짝 따
라붙어 기브아 동쪽까지 추격했다.

44 베냐민 지파에서 열여덟 개 부대가 전멸했는데, 모두 최
고의 전사들이었다.
45 다섯 개 부대는 뒤돌아 광야, 곧 림몬 바위로 피하려 했으

나, 이스라엘 백성이 길에서 그들을 모두 잡아 죽였다.
이스라엘 백성은 계속 몰아붙여서 두 개 부대를 더 무찔렀다.
46 죽은 베냐민 사람은 모두 보병 스물다섯 개 부대에 이르
렀는데, 하나같이 칼솜씨가 최고인 자들이었다.
47 달아난 육백 명은 광야의 림몬 바위까지 가서 거기서 넉
달 동안 버텼다.
48 이스라엘 사람들이 돌아와 베냐민 지파의 남은 자들, 곧
각 성읍에 있는 사람과 짐승을 모두 죽이고 모든 성읍을 불
태웠다.

21

1 미스바에서 이스라엘 사람들은 "우리 가운데
누구도 베냐민 사람한테 딸을 시집보내지 않겠
다"고 맹세했었다.
2-3 이제 베델로 돌아온 백성은 저녁때까지 하나님 앞에 앉
아 있었다. 그들은 소리 내어 울었다. 온통 울음 바다였다.
그들이 말했다. "**하나님** 이스라엘의 하나님, 이 일이 어찌
된 것입니까? 오늘 우리에게서 이스라엘 한 지파가 송두리
째 없어지다니, 어찌 된 일입니까?"
4 이튿날 이른 아침에, 백성은 서둘러 제단을 쌓고 번제와
화목제를 드렸다.
5 이스라엘 백성이 말했다. "우리가 **하나님** 앞에 모일 때 이
스라엘 모든 지파 가운데서 나타나지 않은 자가 누구요?"

이것은 미스바에 올라와 **하나님** 앞에 모이지 않은 자는 누구든지 반드시 죽이기로 그들 모두가 거룩하게 맹세했기 때문이다.

6-7 이스라엘 백성은 자신들의 형제 베냐민에 대해 안쓰러운 마음이 들었다. 그들이 말했다. "오늘 한 지파가 이스라엘에서 끊어졌소. 남아 있는 자들에게 우리가 어떻게 아내를 얻어 줄 수 있겠소? 우리가 딸들을 그들에게 시집보내지 않겠다고 **하나님**의 이름으로 맹세했으니 말이오."
8-9 그래서 그들은 "이스라엘 지파 가운데 미스바에 올라와 **하나님** 앞에 모이지 않은 자가 누구요?" 하고 말했다.
알아보니, 야베스의 길르앗에서는 아무도 모임에 오지 않은 것으로 드러났다. 인원을 점검할 때 백성 가운데 야베스의 길르앗 사람은 단 한 명도 없었다.
10-11 그래서 회중은 우수한 군사들로 구성된 열두 개 부대를 그곳으로 보내며 이렇게 명령했다. "야베스의 길르앗 사람은 여자들과 아이들까지 모조리 죽여라. 다만 다음의 명령을 따르라. 곧 모든 남자와, 남자와 잠자리를 한 모든 여자는 반드시 죽이되, 처녀만은 살려 두어라." 그들은 명령대로 행했다.
12 그들은 야베스의 길르앗에 사는 사람들 가운데서 처녀 사백 명을 얻었다. 모두가 남자와 잠자리를 한 적이 없는 여자

들이었다. 그들은 그 여자들을 가나안 땅에 있는 실로의 진
으로 데려왔다.
13-14 그때 회중은 림몬 바위에 있는 베냐민 사람들에게 전갈
을 보내어 평화를 제의했다. 그러자 베냐민 사람들이 왔다.
회중은 야베스의 길르앗에서 살려 둔 여자들을 베냐민 사람
들에게 주었다. 그래도 모든 남자에게 아내를 구해 주기에
는 부족했다.
15 백성은 베냐민 지파를 보며 마음 아파했다. **하나님**께서
베냐민 지파를 없애셔서, 이스라엘에서 한 지파가 비게 되
었기 때문이다.

16-18 회중의 장로들이 말했다. "베냐민 여자들이 다 죽임을
당했으니, 어떻게 하면 나머지 남자들에게 아내를 얻어 줄
수 있겠소? 어떻게 하면 베냐민의 살아남은 자들이 유산을
물려받게 할 수 있겠소? 어떻게 하면 한 지파 전체가 진멸
되는 것을 막을 수 있겠소? 그렇다고 우리의 딸들을 그들
에게 아내로 줄 수도 없지 않소." (알다시피, 이스라엘 백성은
"누구든지 베냐민 지파에게 아내를 주는 자는 저주를 받을 것이
다" 하고 맹세했기 때문이다.)
19 그래서 그들이 말했다. "해마다 실로에서 **하나님**의 축제
가 열립니다. 그곳은 베델 북쪽, 곧 베델에서 세겜으로 올라
가는 큰길 동쪽이며 르보나에서 약간 남쪽입니다."

20-22 그들은 베냐민 사람들에게 말했다. "가서 포도원에 숨
어 있으시오. 잘 보고 있다가 실로의 처녀들이 나와서 춤추
는 것이 보이거든, 포도원에서 뛰어나와 실로의 처녀들을
하나씩 잡아 아내로 삼고 서둘러 베냐민 땅으로 돌아가시
오. 그들의 아버지나 형제가 와서 우리에게 따지면 우리가
이렇게 말하겠소. '우리가 그들에게 은혜를 베푼 것이오. 우
리가 그들에게 아내를 얻어 주려고 전쟁을 일으켜 사람을
죽인 것도 아니지 않소? 게다가 당신들은 동의하고 딸을 준
게 아니니 문제될 것이 없소. 그러나 계속해서 이 일을 문제
삼으면, 화를 자초하는 꼴이 될 거요.'"
23 그래서 베냐민 사람들은 그 말대로 행했다. 그들은 춤추
고 있는 처녀들 가운데서 자신들의 수만큼을 붙잡아 아내로
삼고, 그곳을 빠져나와 그들이 유산으로 받은 땅으로 돌아
갔다. 그곳에서 성읍들을 재건하고 정착했다.
24 거기서 이스라엘 백성은 흩어져 각각의 지파와 가문에게
로, 저마다 유산으로 받은 땅으로 돌아갔다.
25 그때에는 이스라엘에 왕이 없었다. 사람들은 무엇이든 자
기 마음에 원하는 대로 행했다.

룻기 | 머리말

이 세상 속에서 일하고 계시는 하나님에 대해 말하는 크고 광대한 이야기를 성경에서 읽노라면, 우리 대부분은 깊은 인상을 받게 된다. 말씀으로 세상을 창조하시는 하나님, 위대한 조상들을 통해 믿음의 삶의 기초를 놓으시는 하나님, 참혹한 종살이 가운데 있던 백성을 해방시키셔서 자유롭게 순종하는 사랑의 삶으로 이끄시는 하나님, 하나님 앞에서 기쁘게 책임을 다하는 지도자를 일으키시고, 그러한 삶에 따르기 마련인 고난의 여로에 안내자가 되게 하시는 하나님에 대한 이야기들 말이다.

우리는 실로 깊은 인상을 받는다. 그러나 그 이야기가 너무 인상 깊어, 때로 소외감을 느끼기도 한다. 전혀 인상적일 것 없는 아주 평범한 우리로서는, 그런 이야기들이 그저 별세계의 이야기로 들리는 것이다. 우리는 스스로에게 실격판정을 내린다. 죄 때문이든, 고집 때문이든, 다른 어떤 우발적 요소 때문이든, 어쨌든 나 자신은 그런 이야기들에 맞지 않는다고 생각한다. 왠지 나는 '신앙이 부족하고' 따라서 자신은 그런 거대한 이야기들과 어울리지 않는다고 결론 내리는 것이다.

그런데 성경을 한 장 한 장 넘기다가, 어느 외딴 마을에 사는 두 과부와 한 농부의 이 작은 이야기를 만나게 된다.

이방인 룻은 모태신앙인이 아니었고, 선천적으로 신앙에 끌렸던 사람도 아니었다. 우리 많은 사람들처럼 말이다. 그러나 그녀는 자신도 모르게 구원 이야기 속으로 끌려 들어가게 되고, 거기서 요란스럽지 않고 도드라지지 않지만 이야기의 완결을 위해 없어서는 안될 배역을 맡게 된다.

성경은 하나님께서 창조하시고 구원하시고 축복하시는 방식들로 짜인 거대한 융단이다. 시내 산에서 절정에 달하는 줄거리에 등장하는 큰 이름들(아브라함, 이삭, 야곱, 요셉, 모세), 또 그 후속 이야기에 등장하는 큰 이름들(여호수아, 사무엘, 다윗, 솔로몬)을 보면, 보통 사람들은 누구라도 기가 죽을 수밖에 없다. "거기는 나 같은 사람이 감히 올라가 배역을 맡을 수 있는 무대가 아니다." 그러나 과부이자 가난한 이방인이었던 룻의 이야기는, 사실이 그렇지 않음을 보여준다. 보잘것없는 이방인이었던 룻, 그러나 그녀의 삶은 우리 가운데서 일하고 계신 하나님 이야기의 완성을 위해 없어서는 안될 부분이었다. 짐짓 대수롭지 않다는 듯 던지는 그 마지막 구절이야말로 룻기가 우리에게 날리는 결정적 한 방이다. 보아스는 룻과 결혼했고 그녀는 오벳을 낳았는데, "오벳은 이새의 아버지였고, 다윗의 할아버지였다"(룻 4:17).

다윗이다! 의지할 데 없는 무명의 한 '이방인' 과부 여인이 다름 아닌 다윗의 증조모요 예수님의 조상이었다는 이 절묘한 이야기. 그래서 룻기는 대수롭지 않은 평범한 인물도 하나님 이야기의 완결을 위해 결코 빠질 수 없는 등장인물이라는 사실을 우리에게 각인시켜 준다. 우리 한 사람 한 사람이 모두 하나님 앞에서 그처럼 중요하며, 우리에게 맡겨진 일 또한 소중한 것이다.

룻기

1 1-2 옛적 사사들이 이스라엘을 이끌던 시절, 그 땅에
기근이 들었다. 유다 땅 베들레헴의 한 사람이 아내
와 두 아들을 데리고 고향을 떠나 모압 땅에 가서 살았다.
그 사람의 이름은 엘리멜렉이고 아내의 이름은 나오미며,
아들들의 이름은 말론과 기룐이었다. 모두 유다 땅 베들레
헴의 에브랏 사람이었다. 그들은 모두 모압 땅으로 가서 그
곳에 정착했다.
3-5 그러다가 엘리멜렉이 죽고 나오미와 두 아들만 남았다.
아들들은 모압 여인들을 아내로 맞이했는데, 첫째의 이름은
오르바고, 둘째는 룻이었다. 그들은 그 후로 십 년 동안 그
곳 모압 땅에 살았다. 그 후에 두 형제 말론과 기룐도 죽었
다. 이제 젊은 아들들도 없고 남편도 없이 여인만 남았다.

6-7 하루는 나오미가 마음을 추스르고, 두 며느리와 함께 모
압 땅을 떠나 고향으로 가기로 결심했다. 그녀는 **하나님**께
서 기꺼이 그분의 백성을 찾아오셔서 그들에게 양식을 주셨
다는 말을 들었다. 그래서 자기가 살던 곳을 떠나 유다 땅으
로 돌아가는 여정에 올랐다. 두 며느리도 함께했다.
8-9 한참을 가다가, 나오미가 두 며느리에게 말했다. "돌아가
거라. 집으로 가서 너희 어머니와 함께 살아라. 너희가 죽은
남편과 나를 대한 것처럼 **하나님**께서 너희를 너그러이 대해
주시기를 빈다. **하나님**께서 너희에게 각각 새 가정과 새 남
편을 주시기를 빈다!" 그녀가 그들에게 입을 맞추자 그들은
소리 내어 울었다.
10 그들이 말했다. "아닙니다. 우리도 어머니와 함께 어머니
의 백성에게로 돌아가겠습니다."
11-13 그러나 나오미는 단호했다. "내 사랑하는 딸들아, 돌아
가거라. 너희가 어째서 나와 함께 가려고 하느냐? 내가 아
직 태중에 너희 남편이 될 아들들을 가질 수 있다고 보느
냐? 사랑하는 딸들아, 돌아가거라. 부디 너희 길로 가거라!
나는 너무 늙어서 남편을 얻을 수 없다. 내가 '아직 희망이
있다!' 말하고 당장 오늘 밤에 남자를 얻어 아들을 잉태한다
고 한들, 그들이 자랄 때까지 너희가 잠자코 기다릴 수 있
겠느냐? 너희가 다시 결혼할 그때까지 언제고 기다릴 셈이

냐? 아니다. 사랑하는 딸들아, 이것은 내가 감당하기에 너
무 힘든 일이다. **하나님**께서 나를 세게 치셨구나."
14 다시 그들은 소리 내어 울었다. 오르바는 시어머니에게
입 맞추고 작별했으나, 룻은 나오미를 부둥켜안고 놓지 않
았다.
15 나오미가 말했다. "봐라, 네 동서는 자기 백성과 그 신들
과 함께 살려고 집으로 돌아갔다. 너도 함께 가거라."
16-17 그러자 룻이 대답했다. "제게 어머니를 떠나라, 집으로
돌아가라 하지 마십시오. 어머니가 가시는 곳으로 저도 가
고, 어머니가 사시는 곳에서 저도 살겠습니다. 어머니의 백
성이 저의 백성이고, 어머니의 하나님이 저의 하나님입니
다. 어머니가 죽으시는 곳에서 저도 죽어, 거기 묻히겠습니
다. 그러니 **하나님**, 죽음조차도 우리 사이를 갈라놓지 못하
도록 저를 도와주십시오!"
18-19 나오미는 룻이 자기와 함께 가기로 마음을 단단히 굳힌
것을 보고, 더 이상 말리지 않았다. 그래서 두 사람은 함께
베들레헴으로 갔다.
그들이 베들레헴에 이르자 온 성읍이 술렁이기 시작했다.
"이 사람이 정말 우리가 아는 나오미인가? 그 세월을 다 보
내고 돌아왔구나!"
20-21 나오미가 말했다. "나를 나오미라고 부르지 말고 '쓴맛'
이라고 부르십시오. 강하신 분께서 나를 쓰라리게 치셨습니
다. 내가 여기를 떠날 때는 살림이 넉넉했지만, **하나님**께서

나를 다시 데려오실 때는 몸에 걸친 이 옷가지밖에 남기신
게 없습니다. 그대들은 어찌하여 나를 나오미라고 부릅니
까? 하나님께서는 절대 그렇게 부르지 않으십니다. 강하신
분이 나를 불행하게 하셨습니다."
22 이렇게 하여 나오미는, 이방인 룻과 함께 모압 땅에서 돌
아왔다. 그들이 베들레헴에 도착한 때는 보리 추수가 시작
될 무렵이었다.

2

1 마침 나오미에게 남편 쪽으로 친척이 하나 있었는
데, 엘리멜렉 집안과 관계된 유력하고 부유한 사람
이었다. 그의 이름은 보아스였다.
2 하루는 모압 여인 룻이 나오미에게 말했다. "일을 해야겠
습니다. 나가서 추수하는 사람 중에 누군가가 저를 친절히
대해 주면, 그 사람을 뒤따라가며 곡식 단 사이에서 이삭을
줍겠습니다."
나오미가 말했다. "그렇게 해라, 사랑하는 딸아."
3-4 그리하여 룻은 밭으로 나가, 추수하는 사람들 뒤를 따라
가며 이삭을 줍기 시작했다. 마침내 룻은 자신의 시아버지
인 엘리멜렉의 친척, 보아스 소유의 밭에 이르렀다. 얼마 후
에 보아스가 베들레헴에서 왔다. 그는 추수하는 일꾼들에게
"**하나님**께서 자네들과 함께하시기를 비네!" 하고 인사했다.
그들도 "**하나님**께서 주인님에게 복 주시기를 빕니다!" 하고

응답했다.
5 보아스가 농장 일꾼들을 맡은 젊은 종에게 물었다. "저 젊
은 여인은 누구인가? 어디서 온 사람인가?"
6-7 그 종이 말했다. "모압 땅에서 나오미와 함께 온 모압 여
인입니다. 저 여인이 '추수하는 사람들 뒤를 따라가며 곡식
단 사이에서 이삭을 줍게 해주십시오' 하고 승낙을 구했습
니다. 이른 아침부터 지금까지, 잠시도 쉬지 않고 여태 일하
고 있습니다."
8-9 그러자 보아스가 룻에게 말했다. "내 딸이여, 들으시오.
이제부터는 다른 밭으로 이삭을 주우러 가지 말고 여기 이
밭에 있으시오. 내 밭에서 일하는 젊은 여인들 곁에 있으면
서, 그들이 어디서 추수하는지 잘 보고 그들을 따라가시오.
아무것도 걱정할 것 없소. 내가 내 종들에게 그대를 괴롭히
지 말라고 지시해 두었소. 목마르거든 가서 종들이 길어 온
물통에서 얼마든지 물을 마시도록 하시오."
10 룻은 무릎을 꿇고 얼굴을 땅에 대며 절했다. "어찌하여 저
를 따로 지명하여 이렇게 친절히 대해 주시는지요? 저는 한
낱 이방 여자에 불과합니다."
11-12 보아스가 룻에게 대답했다. "그대에 관한 이야기를 내
가 다 들었소. 그대의 시아버지가 돌아가신 뒤로 그대가 시
어머니를 어떻게 대했으며, 또 어떻게 그대의 부모와 그대
가 태어난 땅을 떠나 낯선 사람들 틈에 살려고 왔는지도 들
었소. 그대가 한 일에 대해 **하나님**께서 갚아 주실 것이오.

그대가 하나님의 날개 아래 보호를 받고자 왔으니, 그분께
서 그대에게 후히 갚아 주실 것이오."
13 룻이 말했다. "어르신, 저는 이런 은혜와 자비를 받을 자
격이 없습니다. 당신은 제 마음에 감동을 주셨고, 저를 한
가족처럼 대해 주셨습니다. 제가 이곳 사람이 아닌데도 말
입니다!"
14 점심시간이 되어 쉴 때에 보아스가 룻에게 말했다. "이쪽
으로 와서 빵을 좀 드시오. 포도주에 찍어서 드시오."
룻은 추수하는 사람들 틈에 끼었다. 보아스가 볶은 곡식을
룻에게 건네주니, 룻이 배불리 먹고도 음식이 남았다.
15-16 룻이 일어나서 다시 일하러 가자, 보아스가 종들에게
말했다. "저 여인이 바닥에 곡식이 많이 남아 있는 데서 줍
게 해주게. 너그러이 대해서, 아예 실한 것들을 좀 뽑아서
저 여인이 줍도록 흘려 두게. 특별히 배려해 주게나."
17-18 룻은 저녁때까지 밭에서 이삭을 주웠다. 모은 이삭에서
낟알을 떨고 보니, 보릿자루가 거의 가득 찰 정도였다! 룻은
주운 이삭을 모아 성읍으로 돌아가서, 그날 일의 결과를 시어
머니에게 보였다. 그리고 점심때 먹고 남은 음식도 드렸다.
19 나오미가 룻에게 물었다. "오늘 누구의 밭에서 이삭을 주
웠느냐? 너를 이렇게 잘 돌보아 준 사람이 누구이든, 하나
님께서 복 주시기를 빈다!"
룻이 시어머니에게 말했다. "오늘 제가 일한 밭의 주인 말인
가요? 그의 이름은 보아스입니다."

20 나오미가 며느리에게 말했다. "**하나님**께서 그 사람에게
복 주시기를 빈다! **하나님**께서 아직까지 우리를 버리지 않
으셨구나! 그분께서는 좋을 때만 아니라 궂을 때도 여전히
우리를 사랑하시는구나!"
나오미는 말을 이었다. "그 사람은 언약에 따라 우리를 구제
할 사람 가운데 하나다. 우리의 가까운 친척이다!"
21 모압 여인 룻이 말했다. "들어 보십시오. 그가 또 저에게
'내 밭의 추수가 끝날 때까지 내 일꾼들과 함께 있으라'고 했
습니다."
22 나오미가 룻에게 말했다. "잘됐구나, 사랑하는 딸아! 그
렇게 하려무나! 그의 밭에서 일하는 젊은 여인들과 같이 다
니면 안전할 것이다. 모르는 사람의 밭에서 욕을 당할까 걱
정했는데, 이제 안심이구나."
23 그래서 룻은 시어머니의 말대로 했다. 보아스 밭의 젊은
여인들에게 바짝 붙어서, 보리 추수와 밀 추수가 끝날 때까
지 날마다 그 밭에서 이삭을 주웠다. 그러면서 룻은 계속해
서 시어머니와 함께 살았다.

3

1-2 하루는 시어머니 나오미가 룻에게 말했다. "내 사
랑하는 딸아, 이제 네가 행복하게 살 수 있도록 너에
게 좋은 가정을 찾아 주어야겠다. 게다가 네가 여태 함께 일
했던 그 젊은 여인들의 주인인 보아스는 우리의 가까운 친

척이 아니더냐? 우리가 행동을 취할 때가 온 것 같다. 오늘
밤은 보아스가 타작마당에서 보리를 거두어들이는 밤이다.
3-4 목욕을 하고 향수도 좀 바르거라. 옷을 잘 차려입고 타작
마당으로 가거라. 그러나 잔치가 한창 무르익어 그가 배불
리 먹고 마실 때까지는 네가 왔다는 사실을 그에게 알려서
는 안된다. 그가 자려고 자리를 뜨는 게 보이거든 너는 그가
눕는 곳을 잘 보아 두었다가 그리로 가서, 너를 배우자로 삼
아도 좋다는 것을 알도록 그의 발치에 누워라. 기다리고 있
으면, 그가 네가 해야 할 일을 일러 줄 것이다."
5 룻이 말했다. "어머니께서 말씀하시니, 그 말씀대로 하겠
습니다."
6 룻은 타작마당으로 내려가 시어머니의 계획대로 했다.
7 보아스는 배불리 먹고 마시며 즐거운 시간을 보냈다. 그는
기분이 아주 좋았다. 그러다가 잠을 자려고 빠져나와 보릿
단 끝으로 가서 누웠다. 룻도 조용히 그를 따라가 누웠는데,
그것은 자신이 그의 배우자가 되어도 좋다는 표시였다.
8 한밤중에 보아스가 깜짝 놀라 일어났다. 놀랍게도, 그의
발치에서 한 여인이 자고 있었던 것이다!
9 그가 말했다. "누구요?"
룻이 말했다. "저는 당신의 종 룻입니다. 저를 당신의 날개
아래 보호해 주십시오. 아시는 것처럼 당신은 저의 가까운
친척으로, 언약에 따라 저를 구제할 이들 가운데 한 분입니
다. 저와 결혼할 권리가 당신에게 있습니다."

10-13 보아스가 말했다. "**하나님**께서 그대에게 복 주시기를
비오. 내 사랑하는 그대여! 참으로 놀라운 사랑의 표현이구
려! 또한 그대 정도라면 주변의 젊은 사람들 가운데서 누구
나 고를 수 있었는데도 그렇게 하지 않았구려. 사랑하는 그
대여, 이제 아무것도 걱정하지 마시오. 그대가 원하거나 청
하는 일이라면, 내가 무엇이든 하겠소. 그대가 얼마나 용기
있는 여인이며 귀한 보배인지 온 성읍 사람들이 다 알고 있
소! 그대 말대로 나는 그대의 가까운 친척이 맞지만, 나보다
더 가까운 친척이 한 사람 있소. 그러니 날이 샐 때까지 여
기 있으시오. 내일 아침에 그가 언약에 따라 구제할 수 있는
가장 가까운 친척으로서 관습상 자기 권리와 책임을 다하고
자 한다면, 그에게 기회가 돌아갈 것이오. 그러나 그가 관심
이 없다면, **하나님**께서 살아 계심을 두고 맹세하는데, 내가
당신을 거두겠소. 이제 아침이 올 때까지 눈 좀 붙이도록 하
시오."
14 룻은 새벽까지 그의 발치에서 자다가 사람들 눈에 띄지
않도록 아직 어두울 때에 일어났다. 그러자 보아스도 "룻이
타작마당에 왔었다는 것을 아무도 알아서는 안된다"고 혼잣
말을 했다.
15 보아스가 말했다. "그대의 어깨에 걸친 옷을 가져와서 펴
보시오."
룻이 옷을 펴자, 보아스는 보리 여섯 되를 가득 부어 룻의
어깨에 지워 주었다. 룻은 곧 성읍으로 돌아갔다.

16-17 룻이 시어머니에게 돌아오자, 나오미가 물었다. "그래
어찌 되었느냐, 사랑하는 딸아?"
룻은 그 사람이 자기한테 한 일을 시어머니에게 다 말하고
나서 이렇게 덧붙였다. "그가 내게 이 보리 여섯 되를 주었
습니다! '그대가 시어머니에게 빈손으로 갈 수야 없지 않
소!' 하면서 말입니다."
18 나오미가 말했다. "내 사랑하는 딸아, 이제 이 일의 결과
가 드러날 때까지 편히 앉아서 쉬어라. 그는 빈말을 할 사람
이 아니다. 내 말을 잘 들어라. 그가 오늘 중으로 모든 일을
매듭지을 것이다."

4 1 보아스는 곧바로 광장으로 가서 자리를 잡았다.
잠시 후 '더 가까운 친척', 곧 앞서 보아스가 말했던
그 사람이 지나갔다.
보아스가 말했다. "여보시오, 잠시 이리로 와서 좀 앉으시
오." 그가 와서 앉았다.
2 보아스가 성읍 장로들 가운데 열 명을 함께 불러모아 놓고
말했다. "여기 우리와 함께 앉아 주십시오. 우리가 처리해
야 할 일이 있습니다." 그들이 와서 앉았다.
3-4 보아스가 친척에게 말했다. "우리 친척 엘리멜렉에게 속
한 토지를 얼마 전에 모압 땅에서 돌아온 그의 과부 나오미
가 팔고자 하오. 그대도 알아야 된다는 생각이 들었소. 원한

다면 그대가 그 땅을 되사시오. 여기 앉아 있는 사람들과 성읍 장로들 앞에서 공식적으로 처리하면 될 것이오. 우선적으로 구제할 권리가 그대에게 있소. 그대가 원하지 않으면 내게 말하시오. 그러면 내가 알아서 하겠소. 순서상 그대가 먼저고, 나는 그 다음이오."

그러자 그가 "내가 사겠소" 하고 말했다.
5 이에 보아스가 덧붙였다. "그대도 알다시피, 그대가 나오
미한테서 그 밭을 살 때는 우리 죽은 친척의 과부인 모압 사
람 룻도 함께 취해야 하고, 구제하는 자로서 그 여인과의 사
이에 자녀를 낳아 그 집의 유산을 물려받게도 해야 하오."
6 그러자 그 친척이 말했다. "아, 그건 못하겠소. 자칫하면
내 집의 유산이 위태로워질 테니 말이오. 그냥 그대가 사시
오. 나는 못하겠으니, 내 권리를 그대한테 넘기겠소."

⁂

7 옛적 이스라엘에서 사람들이 재산과 유산 문제에 관한 공
식 업무를 처리할 때는, 자기 신발을 벗어 상대방에게 주곤
했다. 이스라엘에서 이것은 인감도장이나 개인서명과 같은
것이었다.
8 그래서 보아스의 '구제하는 친척'도 "그냥 그대가 사시오"
하고 말한 뒤에, 자기 신발을 벗어 주는 것으로 계약에 서명
했다.
9-10 그러자 보아스가 그날 성읍 광장에 있던 장로들과 모

든 백성에게 말했다. "내가 엘리멜렉과 기룐과 말론에게 속
한 모든 것을 나오미한테서 산 것에 대해 오늘 여러분이 증
인입니다. 여기에는 말론의 과부인 이방 여인 룻에 대한 책
임도 포함됩니다. 나는 그 여인을 내 아내로 맞아 죽은 자의
이름을 그의 유산과 함께 잇겠습니다. 죽은 자의 기억과 명
성이 이 집에서나 그의 고향에서 사라지지 않도록 할 것입
니다. 바로 오늘, 이 모든 일에 여러분이 증인입니다."
11-12 그날 성읍 광장에 있던 모든 백성이 장로들과 뜻을 같
이하여 말했다. "예, 우리가 증인입니다. **하나님**께서 당신
의 집에 들어오는 이 여인을 이스라엘 집안을 세운 두 여인,
곧 라헬과 레아 같게 하시기를 빕니다. **하나님**께서 당신을
에브랏에서 기둥이 되고 베들레헴에서 유명해지게 하시기
를 빕니다! **하나님**께서 이 젊은 여인을 통해 당신에게 자녀
들을 주셔서, 당신의 집이 다말과 유다 사이에 태어난 아들
베레스의 집과 같게 되기를 빕니다."

13 보아스는 룻과 결혼했고, 룻은 그의 아내가 되었다. 보아
스가 룻과 잠자리를 같이했다. 그러자 **하나님**의 은혜로운
선물로 룻이 임신하여 아들을 낳았다.
14-15 성읍 여인들이 나오미에게 말했다. "**하나님**을 찬양합
니다! 그분께서 그대를, 생명을 이어 갈 가족이 없는 상태로
내버려 두지 않으셨습니다. 이 아이가 자라서 이스라엘에서

유명해지기를 빕니다! 이 아이가 그대를 다시 젊어지게 하
고, 노년의 그대를 돌볼 것입니다! 이 아이의 어머니이자 그
대를 이토록 사랑하는 이 며느리는, 그대에게 일곱 아들보
다 귀합니다!"
16 나오미는 아기를 받아 품에 안았다. 꼭 껴안고, 다정히 속
삭이며, 지극정성으로 돌보았다.
17 여인들은 그 아이를 '나오미의 아기'라고 부르기 시작했
다! 그러나 그의 진짜 이름은 오벳이었다. 오벳은 이새의 아
버지였고, 다윗의 할아버지였다.

18-22 베레스의 족보는 이러하다.
베레스는 헤스론을 낳고
헤스론은 람을 낳고
람은 암미나답을 낳고
암미나답은 나손을 낳고
나손은 살몬을 낳고
살몬은 보아스를 낳고
보아스는 오벳을 낳고
오벳은 이새를 낳고
이새는 다윗을 낳았다.